城镇化背景下
乡村再造
道路选择

关海长　著

U0330793

中国建筑工业出版社

前 言

农业、农村、农民即"三农"问题是关系国计民生的根本性问题。

早在 20 世纪 20—30 年代，国家和社会相关人士便开启了乡村建设之路的探索。以晏阳初、梁漱溟和卢作孚等倡导的乡村建设运动为代表，分别在河北定县、山东邹平和重庆北碚进行实践。他们以兴办教育、启迪民智、培植国本、振兴民族的方式改造农民，通过职业技术培训、改良农业、流通金融、提倡合作、改善公共卫生和移风易俗等措施，改造农业经济形态，复兴日趋衰落的农村经济，实现"民族再造"或"民族自救"。在中国共产党的领导下，历经百年，中国人民已经从"愚、穷、弱、私"的贫困潦倒的旧社会，走向了"富强、民主、文明"的新时代，全面建成了小康社会。

习近平总书记在党的十九大报告中指出，我国社会主要矛盾已经转化为人民日益增长的美好生活需要和不平衡、不充分的发展之间的矛盾。当前，我国发展不平衡、不充分的问题在乡村最为突出。2018 年 1 月，《中共中央国务院关于实施乡村振兴战略的意见》强调，实施乡村振兴战略，是解决人民日益增长的美好生活需要和不平衡、不充分的发展之间的矛盾的必然要求，是实现"两个一百年"奋斗目标的必然要求，是实现全体人民共同富裕的必然要求。

本书以乡村再造为主题，并非否定传统的乡村建设，而是运用创新理论的基本原理，优化重组要素在城乡之间配置，产生结构张力，助推乡村振兴。研究主要聚焦我国"三农"建设与发展问题：探寻改造农业经营业态，改变农村发展模式，理顺农民去向。特别是改革开放以来，国家将重心转向以经济建设为中心，分两步走构架全面建设社会主义，由此带来了城镇化和工业化的快速推进。工农、城乡之间存在的生产效率差距，导致资本、人口等资源要素从乡村单向流入城镇，进而引起了城市的拥堵和乡村的"空心化"等发展失衡问题。因此，将城镇化作为研究"三农"问题的时代背景，更具现实意义。

发展是解决问题的有效途径。破解城乡发展失衡问题，重点在于乡村建设与发展，这也是对"中国要强，农业必须强；中国要美，农村必须美；中国要富，农民必须富"的回应。"三农"问题解决得好，才能稳定农业基本盘。守好"三农"基础，是我国在百年未有之大变局的国际环境下，应变局、开新局的"压舱石"。

全书从梳理改革开放以来中国城乡建设与发展的政策入手，研究新时期乡村再造的基础理论，评价乡村建设与发展的政策效果，重构乡村发展的战略构架。借鉴和改造城乡二元经济理论、小农经济理论和中心—外围理论以及人口变化和经济发展相互作用的基本原理，全面系统地研究中国乡村农业经营业态、农村发展模式、农民人口流迁转变的特点和规律及其对经济、社会发展的影响，特别是对中国农业和农村发展的影响，确定影响乡村发展的关键因子，为政府制定和完善相关乡村再造政策提供科学依据。共分为六个部分：

第一部分介绍乡村再造的内涵和相关研究。重点解释乡村再造的概念和内涵，研究的理论基础和实践价值，紧紧围绕乡村建设与发展、乡村重建、乡村复兴等主题梳理文献，总结众多研究乡村建设与发展之路的文献，或是探讨乡村建设运动的思想理论与启示，或是在二元经济框架下探讨乡村发展问题及治理，或是通过乡村建设案例谈乡村发展道路选择和动力机制研究，也有谈及乡村衰落或消逝的必然性。但是，将农村放置于城镇化背景下，是重建，再造，还是任其衰亡？

第二部分评估乡村再造的国家战略效果，探寻乡村农业和农村发展的道路选择。梳理指导"三农"工作的中央一号文件，发现支农惠农政策主要集中在三个方面：一是抓基础设施建设，打牢根基；二是抓农民增收，留得住人；三是抓科技兴农，致富之路。寻找影响乡村发展的政策因子，运用计量经济学双重差分法分析战略带给农业和农村的发展效果，并为乡村再造国家战略提供建议支撑。

第三部分总结乡村发展的基础条件和内在逻辑，探寻乡村再造的机制机理。快速城镇化和工业化，以劳动力为主的资源要素在城乡之间的流动配置，冲击了传统乡村地域系统中的人地关系、生产方式、消费结构，这种破坏性创造重塑了乡村再造格局。理清农村发展模式，创新农业发展方式，顺应农民工回流，建设美丽乡村，实现乡村振兴，必将成为现实。

第四部分探讨乡村发展主体空间异位的社会经济影响。改革开放初期，农村劳动力外出务工约 200 万人，1989 年 3000 多万人，1993 年 6200 万人，2008 年高达 1.4 亿人。农村劳动力大规模转移，推动了我国城镇化进程。改革开放 40 年来，城镇化率从 1978 年的17.9% 增长到了 2018 年的 59.6%。快速城镇化和工业化背后是资源要素的单向流动，衰退，空心化，外流，人口老化，土地变革等一系列社会经济问题竞相出现。运用刘易斯二元经济理论、张培刚经济学理论、舒尔茨人力资本理论，分析乡村人口转变对农村农业经济与社会发展的影响，是否留得住人关乎农村未来的命运。

第五部分寻找乡村再造的内源性动力和外生驱动力。实证分析影响乡村建设与发展的关键因素和决定变量，准确把握乡村再造道路选择的约束条件和动力机制，甄别农村经济收入、农业产业发展、农民择业选择的影响因子。研究从村域、镇域和县域三个层级的不同维度审视乡村再造的内生动力和外在驱动力，总结乡村建设与发展规律，为乡村再造的构建奠定理论基础。

第六部分构建乡村再造的新战略构架。在总结前部分研究的基础上，利用系统论方法构建乡村建设与发展的新框架，促进城乡一体化融合发展。一是创新农业经营业态，发展农村经济；二是构建乡村自力更生与城市带动的一体化发展模式；三是发挥禀赋优势，缩小区域差异，推动公共服务均等化；四是坚持以人为本，顺势而为，建设美丽新农村。

尽管笔者力求找到科学的分析方法，但书中有些观点还不够成熟，不当之处请读者不吝赐教。本书在写作时，参考了大量文献资料，尽量做到一一标注，但难保挂一漏万。在此，对这些专家的真知灼见致以衷心的感谢。本研究是国家重点研发计划子课题"村镇建设生态安全约束下的产业适宜性"（2018YFD1100104）和教育部人文社科青年基金项目"城镇化裹挟下的乡村再造研究"（15YJCZH052）的成果之一，同时也得到了西部交通与经济社会发展研究中心和重庆交通大学地理学学科的资助。

完成写作的过程即是成长的过程。感谢周靖祥教授的指导，感谢重庆交通大学经济与管理学院王方博士、王春杨教授和任晓红教授等同事的帮助和陪伴。感谢家人对研究工作默默的支持以及生活上无微不至的照顾。唯有刻苦努力，不断奋进以示回赠。

目　录

第一章

乡村再造的
内涵及
相关研究

第一节 乡村再造的概念

乡村亦作"乡邨",即村庄。追寻古文中有关乡村的词句,如(南朝宋)谢灵运《石室山诗》:"乡村绝闻见,樵苏限风霄。"(唐)韩愈《论变盐法事宜状》:"平叔又请乡村去州县远处,令所由将盐就村耀易。"(宋)苏舜钦《诣目五》:"又不可全依汉制,人人尽取,恐下户贫民难以应给,况乡邨之间徭役已多。"《儒林外史》第三十六回:"应天苏州府常熟县有个乡村,叫做麟绒镇。"文中的乡村主要指农业地区人类各种形式的居住场所组成的地域空间形态,即村落或乡村聚落,是农业社会的初级形态。由于旧时乡村聚落以农业生产为主,非农产业占比相对较小,乡村也称为农村。

乡村包括农村,除了以农业生产为主、分散居住等特征之外,还具有与城市互补的功能和形态。在《辞源》一书中,乡村被解释为主要从事农业生产、人口分布较城镇分散的地方。以美国学者R.D.罗德菲尔德为代表的部分外国学者指出:"乡村是人口稀少、比较隔绝、以农业生产为主要经济基础、人们生活基本相似,而与社会其他部分,特别是城市有所不同的地方。"

再造,基本解释有两种:一种是指重新给予生命,多用于表示对重大恩惠的感激,语出《宋书·王僧达传》:"再造之恩,不可妄属。"另一种是指重建、复兴,多用于表示重新创建,语出《旧唐书·郭子仪传》:"虽吾之家国,实由卿再造。"

本书中的主题词——"乡村再造"倾向于第二种,可以理解为特定时代背景下的乡村建设之意:改造农业经营业态,改变农村发展模式,理顺农民去向。

第二节 乡村再造的内涵

早在20世纪二三十年代,国家和知识精英就开始探索契合农村发展实情的道路选择,各地兴起乡村建设运动。乡村建设的兴起源于农村社会的衰落、农村经济的破产和农民日趋赤贫。当时已呈现出土地高度集中,农产品价格低落,耕地荒芜,大批农民流离失所。在这种背景下,一些胸怀救国之志、以天下为己任、具有忧患意识与振兴民族的使命感的知识分子所领导的乡村建设运动,在日益凋敝的中国悄然兴起。这是一种非激进的、和平手段的乡村社会改良运动。

这些知识分子放弃城市富足安逸的生活,到贫穷艰苦的农村去,为解决农村问题贡献智慧和力量。其代表人物有留美博士晏阳初,北京大学执教的梁漱溟,爱国实业家、教育家卢作孚,通过兴办教育、启迪民智、培植国本、振兴民族的方式改造农民,调动农民的主观能动性(郑大华,2006),通过职业技术培训、改良农业、流通金融、提倡合作、改善公共卫生和移风易俗等措施,改造农业经济形态,复兴日趋衰落的农村经济,实现"民族再造"或"民族自救"(王先明等,2003)。

晏阳初坚守"民为本,本固邦宁"的民本思想,开展文艺教育、生计教育、卫生教育和公民教育等四大教育,采取以学校式、家庭式、社会式三大方式连环推行的基本措施(李文珊,2004),达到救治"愚""穷""弱""私"之目的,"除文盲,做新民"之效果(张卫军,2002)。

梁漱溟努力践行以儒家文化为核心,力图实现中国传统伦理道德与西方民主科学的现代结合,解决农村和农民问题,实现中国的现代化,开创民族复兴之路(陈宪光,1999)。

卢作孚大力推行"实业民生—乡村现代化"模式,以"经济建设为中心,交通建设先行,乡村城市化为带动,文化教育为重点"实现乡村现代化(刘重来,2004)。据有关资料统计,当时乡村建设组织约有600多个,试验区(点)约有1000多个,其景象可称"蔚为大观"(周逸先、宋恩荣,2006)。由于国贫民弱以及日本侵略者的破坏,这种起于民间的、自下而上的社会改良运动受到严重影响。

如今,随着目标选择已从救国转为图强,在中国经济发展道路的选择上,区域格局的形成和城乡二元化过程对农村发展命运的塑形起到了重要的影响。城市化、工业化快速发展吸引了农村大量剩余劳动力,农村农民充分就业、持续增收,农村经济逐渐富裕。然而,对城市发展的一致性偏向使得中国农村发展总是在不断地上演"衰退"迹象,农村发展常被置于体制之外。这是中国发展战略选择的结果,自小平同志提出"两个大局"——"让一部分人,一部分地区先富起来,先富带动和帮助后富,逐步达到共同富裕"的发展思想以来,施行"效率优先,兼顾公平"的非均衡发展战略,解决了阶段性发展受阻的难题,同时对农村发展起到了促进作用(温铁军等,2010)。

改革推动了农村经济的发展,呈现出繁荣景象。据统计,改革开放至今40年时间里,农村农业生产总值从1018.5亿元增长到了70467亿元,总量增长了近70倍。

农村居民可支配收入从 133.6 元增长到了 16021 元，增长超过 100 倍。在全国人口不断增长的情况下，城镇化率也从 17.9% 增长到了 60.6%。截至 2019 年，农村人口从 79014 万人减少到 55168 万人，其中农民工 29077 万人，占比 52.7%。城镇化、工业化快速发展的背景下，农村劳动力大量流向城镇，农村土地和农民的非农选择致使城市拥挤和乡村空心化、老龄化等城乡二元"失衡"矛盾逐步凸显。

习近平总书记在十九大报告中指出，我国社会现阶段的主要矛盾已经转化为人民日益增长的美好生活需求和不平衡、不充分的发展之间的矛盾。一直以来，党中央国务院高度关注"三农"问题，并将"三农"问题作为全党工作的重中之重。但是城市的快速前进与农村的缓慢发展、东部沿海农村的富足与西部山区的贫穷落后形成鲜明对比，发展失衡的问题困扰着社会各界。因为"不懂得农民就不懂得中国"，要使广大中国农民在现代化进程中共享"经济"发展和"社会"进步的成果，需要全社会各界共推乡村再造，实现乡村振兴。

第三节　理论和实践价值

城市在兴起，乡村在衰落；猜想未来，乡村逐步繁荣，城市依然发展趋好。无论何种格局，一切左右的力量都可以归结为人口及人口流向。正处于人口大转变时代的中国，农村人口流向城市并集聚，各种有利于城市发展的重大政策举措和经济手段也在不断地加速城镇化进程。不容忽视，农村空心化、乡村日渐衰落已经重塑了城乡与区域发展的新格局。梳理历年来中央经济工作会议的重中之重以及 2003 年后历年中央"一号文件"的关键词，凸显了国家层面对"三农"问题的重视及发展农业和农村的决心。改造农业经营业态，改变农村发展模式，理顺农民去向问题，实质上就是再造的内容。如何夯实农业稳定发展的基础，提高农民家庭收入，稳住农村持续向好的发展势头，确保粮食安全，走产出高效、产品安全、资源节约、环境友好的现代农业发展道路，努力保持经济稳定增长，历来都是全党工作的重中之重。新一届中央领导层反复强调农村建设需要由单向突进向综合发展迈进，注重发展农村经济，持续增加农民收入，由"物"的新农村向"人"的新农村迈进，重视农民的物质利益，尊重农民的财产权益和民主权利。立足乡村发展与自治，通过以工补农、以城带乡的方式推进城乡一体化健康发展，破解"城乡分离"的困局（韩俊，2015）。本书再次以"乡村再造"立题，实为繁荣乡村社会与经济探寻行之有效的新举措。

进入 21 世纪，乡村再造研究的意义因农村虚弱问题而凸显，乡村作为推动中国经济社会发展的重要主体和城市的大后方，其发展事关未来中国社会经济的稳定。改革开放以来，经济增长创造了年均近 10% 的速度奇迹，同时经济发展失衡问题也在不断恶化，主要体现为城乡差异、东部沿海和西部内陆地区差异（周靖祥，2012）。城乡差异不断冲击农村人口向城镇流动转移的底线，城镇化率增速减缓和农村人口总量持续减少，部分农村空心化及村庄消失问题突出，追求城乡统筹协调、全面发展，特别是农业和农村的发展、劳动人口的稳定方面，急需谋划思路，破除发展困局。从宏观上来看，城镇化是转移农村剩余劳动力、提高农民收入水平、改造村落社会结构的必由之路（李培林，2009）。然而，"城中村"的存在，是否是农民的理性选择？农业人口是农村农业经济发展的基础，是否留得住人关乎农村未来的命运。正因为如此，探索乡村发展的内生动力和规律，深入研究农业、农村和农民的联动机理和机制，无论在理论上还是实践上都具有十分重要的意义。

本书在学术上主要有以下三点贡献：其一，研究问题和内容设计上较为准确地把握当前城乡协调发展的现实问题。以城镇化为背景，运用大量数据和翔实的资料诠释乡村农业、农村和农民发展的演变特征和规律，较为详尽地剖析农业经营业态、农村发展模式和农民就业去向问题。其二，方法论上，项目选用文献法、田野调查法、归纳总结等传统方法的同时，还选用了双重差分模型分析法对比分析评估国家扶贫战略效果，选用分位数计量回归模型分析农村发展选型，充分论证了农村村落发展应因地制宜，充分发挥本土优势，不能盲目复制其他模式的论点。其三，乡村再造战略构建上，项目研究指出乡村再造需要内外双重动能驱动，城镇化发展的道路选择依然是解决目前我国乡村发展问题的有效途径。本书为新时代乡村振兴有关农业业态、农村发展模式和农民去向选择问题提供了一些思考和理论支撑。

第四节 乡村再造的相关研究

20 世纪 90 年代以来，中国知识界的左右两翼几乎在所有有关中国现实问题的讨论中都会表现出尖锐的意见分歧与对立，但在有关中国目前面临的农村问题的讨论中，却似乎有着难得的共识（石磊，2004）。梳理围绕乡村重建、复兴等乡村建设与发展问题的现有文献，可归纳为以下几个方面：

一、乡村建设运动的思想理论与启示研究

乡村建设的兴起根源于农村社会的衰落、农村经济的破产和农民日趋赤贫（周逸先、宋恩荣，2006）[①]。20世纪二三十年代，各地兴起的乡村建设运动是现代中国乡村建设的早期实验，通过兴办教育、改良农业、流通金融、提倡合作、改善公共卫生和移风易俗等措施，以复兴日趋衰落的农村经济，实现所谓的"民族再造"或"民族自救"（郑大华，2006）[②]。在诸多乡村建设团体中，最具代表性的是晏阳初领导的中华平民教育促进会和梁漱溟领导的山东乡村建设研究院，他们都提出了比较系统的乡村建设理论。

晏阳初坚守"民为本，本固邦宁"的民本思想，从事乡村建设的基本论点是他的"愚、穷、弱、私"论。他在《中华平民教育促进会定县工作大概》中写道："在定县，我们研究的结果，农村问题千头万绪。从这些问题中，我们认定了四种问题，是比较基本的。这四大基本问题可以用四个字来代表它，所谓愚、穷、弱、私。"[③] 为了解决这四大基本问题，平民教育促进会积极推行文艺、生计、卫生和公民等四大内容的教育实验，通过学校式、家庭式、社会式这三种方式来适应"四大教育"的需要（鲁振祥，1987）[④]。晏阳初选择河北省定县作为开展平民教育与乡村建设的实验区，动员约500余名包括海外留学博士在内的知识分子，举家来到定县定居，是一种政治和学术的合作。

梁漱溟努力践行以儒家文化为核心，力图实现中国传统伦理道德与西方民主科学的现代结合，解决农村和农民问题，实现中国的现代化，开创民族复兴之路（陈宪光，1999；贾克卿，2004）；梁漱溟在《乡村建设理论》一书中认为当时中国农村的问题是"中国文化失调"[⑤]。中国社会的显著特点是"伦理本位，职业分立"，整个社会都受着"伦理关系"即"情谊关系""义务关系"的支配，只有一行一行的职业，没有两面对立的阶级。他认为西洋的"都市文明"对中国的"乡村文明"造成了破坏。梁漱溟认为："中国原本是乡村国家，以乡村为根基，以乡村为主体，发育成高度的乡村文明。"西洋文明破坏乡村，"逼着中国往资本主义工商业路上走"，但"八十年来除了乡村的破坏，没有城市的兴起，只见固有农业衰残而卒不见新工商业之发达。

---

① 周逸先，宋恩荣.中国乡村建设运动及其历史启示 [J]. 河北师范大学学报（教育科学版）,2006(02):18-23.
② 郑大华.关于民国乡村建设运动的几个问题 [J]. 史学月刊,2006(02):52-59.
③ 晏阳初.晏阳初全集（第一册）[M]. 长沙：湖南教育出版社,1989.
④ 鲁振祥.三十年代乡村建设运动的初步考察 [J]. 政治学研究,1987(04):37-44.
⑤ 梁漱溟.乡村建设理论 [M]. 上海：上海人民出版社,2011.

我们今日的苦痛正在此。"中国问题原即乡村问题，中国问题的解决还只能于乡村求之，中国必须走一条"从农业引发工业""以乡村为本而繁荣都市"的道路。

乡村建设的性质是改良主义，运动取得的效果具有时代性。1942年薛暮桥写信给刘少奇评价二三十年代乡村改良主义团体时说："乡村建设运动团体是有着几千几万有良心的青年，他们主观上企图改造乡村，改造中国。他们不是为了掩护地主资产阶级，甚至不是为着个人的金钱和地位，而是为了追求光明，追求自己的空洞的理想，而在这里艰苦卓绝地工作着。"[1] 乡建团体在承认现存社会政治机构的前提下，以启迪民智、培植国本、振兴民族为己任（鲁振祥[2]，1987；贾可卿[3]，2004；郑大华[4]，2006），改造乡村主体——农民，改造农业经济。一方面是通过兴办教育，传授文化知识和科学技术，达到"除文盲，做新民"之脱贫致富效果（张卫军，2002）。另一方面是加快传统农业改良，重视乡村副业生产，培养农业人才，传授和推广农业技术，发展农村合作及其他公益事业等内容。在一定程度上推动乡村经济走向市场化，提振日趋衰落的农村经济。但是，由于统治阶级不是一个能推动中国乡村整体走向现代化的强大而有效能的中央政权，县政建设运动失败的结局也就成了必然（王先明、李伟中，2003）。[5]

二、借鉴二元经济理论框架内的乡村发展问题及治理研究

（一）农村劳动力转移与经济发展研究

劳动力转移与经济增长之间的关系用二元经济结构解释最为经典，刘易斯在《劳动力无限供给条件下的经济发展》一书中强调，由于发展中国家的农业中存在大量边际劳动生产率极低的剩余劳动力，因此为城市化和工业化扩张提供了源源不断的劳动力供给，直至剩余劳动力消失殆尽的转折点到来之前，无需提高工资水平（Lewis，1954）。劳动力等要素从生产率低的农业转向生产率高的非农产业，从国民经济层面上看，劳动生产率可以得到不断提高（Kuznets，1957）。据有关文献测度，劳动力从农业转向非农产业，提高了资源重新配置的效率，对经济增长贡

① 薛暮桥，冯和法.《中国农村》论文选 [M]. 北京：人民出版社,1983:23.
② 鲁振祥. 三十年代乡村建设运动的初步考察 [J]. 政治学研究,1987(04):37-44.
③ 贾可卿. 梁漱溟乡村建设实践的文化分析 [J]. 北京大学学报 (哲学社会科学版),2003(01):115-120.
④ 郑大华. 关于民国乡村建设运动的几个问题 [J]. 史学月刊,2006(02):52-59.
⑤ 王先明、李伟中. 20 世纪 30 年代的县政建设运动与乡村社会变迁——以五个县政建设实验县为基本分析样本 [J]. 史学月刊,2003(04):90-98,104.

献了 8.2%（Cai、Zhao，2012）^①。在政府引导和市场作用的双重机制下，农村劳动力等要素在城乡两部门的有效配置，推动着国民经济的持续、稳定增长，城乡居民收入水平也随之不断提高。

早在 1672 年，英国经济学家、古典经济学和统计学的创始人威廉·配第就在《政治算术》一书中提出，人均收入增加后，人们会从第一产业向第二产业、第三产业转移。1940 年，克拉克（Colin Clark）出版了《经济进步的条件》一书，他以配第的研究为基础，对 40 多个国家和地区不同时期三产产业的劳动投入产出资料进行了整理和归纳，总结出了随着经济发展和人均收入水平的提高，劳动力首先由第一产业向第二产业转移，然后再向第三产业转移的演进趋势。

对于发展中国家，随着人均收入水平的提高，农业劳动力比重会下降，城市化水平会提高，这一经济学规律并不会因为中国进入人口转变新阶段、跨越了刘易斯拐点而改变。从宏观上说，城镇化是转移农村剩余劳动力、提高农民收入水平、改造村落社会结构的有效途径（李培林，2009）。高收入国家的人口和劳动力结构以高度非农化和城市化为典型特征。蔡昉（2017）研究了我国农村劳动力转移与重新配置的关系，并对比我国农业劳动力占比和人均 GDP 与世界银行定义的高收入国家的差距后，认为我国仍需大幅度减少农业劳动力，并大幅度提高城镇人口比重。由此可以推断，继续推动农村劳动力转移和人口城市化仍是中国走向现代化的必由之路^②。

（二）农村劳动力流动与农村土地空心化、人口老弱化问题

大部分学者认为空心化是城镇化发展过程中的一种空间形态，主要从地理学和经济学两个维度剖析空心化现象。地理学角度认为，农村空心化聚落是在空间欲望的驱使下逐渐向周边新扩带迁居，导致原聚落成新度下降、非居住房屋增加、废墟面积扩大、人口密度下降，并与新扩带形成反差的空间聚落形态（程连生、冯文勇，2001）^③。刘彦随等（2009）的研究指出，"空心化"是在城乡转型发展进程中，农村人口非农化引起"人走屋空"以及宅基地"建新不拆旧"，新建住房向外扩展，导致村庄用地规模扩大、原宅基地闲置废弃加剧的一种不良演化过程，是地域系统的

---

① CAI F,ZHAO W. When demographic dividend disappears: growth sustainability of China// AOKI M, WU JL. The Chinese economy: a new transition. Basingstoke: Palgrave Macmillan, 2012:75–90.

② 蔡昉 . 改革时期农业劳动力转移与重新配置 [J]. 中国农村经济 ,2017(10):2–12.

③ 程连生 , 冯文勇 , 蒋立宏 . 太原盆地东南部农村聚落空心化机理分析 [J]. 地理学报 ,2001(04):437–446.

一种特殊形态①。由此，空心化是发展过程中空间分布不均衡的阶段性表现。经济学角度认为，空心化是农村青壮年劳动力在比较效益下进城务工，导致农村劳动力人口下降，老人和小孩占比升高的一种现象，并造成了乡村建设主体缺位、养老困难及土地制度、农业生产等多方面的困难和挑战（周祝平，2008）②。而农村优质劳动力选择外流，客观上引起了农业发展动力不足，农村社会工副业、文教科研、卫生部门的人才严重缺失等问题，制约了新农村建设与发展（林孟清，2010）③。在工业化、城市化及社会转型阶段，由于农业经济和就业结构的转变以及农村劳动力等资源要素的大量转移而导致农村经济发展缓慢，进而引起了农村人才、农村产业、社会服务、基础设施建设多方面的"空心化"（刘祖云、武小龙，2012）④，是劳动力等生产要素理性选择，客观上呈现空间部分不均衡的结果。

农村空心化的影响和因素分析研究。农村空心化是在城市化滞后于非农化的条件下，由迅速发展的乡村建设与落后的规划管理体制的矛盾所引起的村庄外围粗放发展而内部衰败的空间形态的分异（薛力，2001）⑤，是城市化发展、农村人口非农化、乡村建设三者不协调、不同步的综合反映。农村空心化制约着农村居住环境的改善，影响了农村的精神文明建设，阻碍了农业发展，造成了耕地浪费，进而影响了农村农业生产，特别是粮食安全。农村空心化引发了"留守儿童、妇女、老人"等老弱化社会问题，优质人才的缺失，阻碍了农村农业的科技化、现代化发展进程（林孟清，2010）。关于农村空心化形成的原因，"推—拉"理论是最为全面、最能解释农村劳动力流动动因的理论（邹新树，2005；何芳、周璐，2010；许恒周等，2013）⑥ ⑦。其主要因素包括资源环境禀赋、农业生产发展、城镇化和工业化进程、社会文化变迁、基础设施建设、居民生计多元化转型、户籍制度、土地利用制度及管理政策等（王国刚，2015）⑧。从全国县域层面考察，农村人口外流呈现出程度不断加深的态势，农业户籍人口和乡村常住人口的集中度下降明显，并呈现出明显的空间聚类和空间正相关性；平均海拔、人均 GDP、城乡居民收入比、第一产业占比、城镇化率、道路密度、

① 刘彦随，刘玉，翟荣新.中国农村空心化的地理学研究与整治实践 [J].地理学报,2009,64(10):1193-1202.
② 周祝平.中国农村人口空心化及其挑战 [J].人口研究,2008(02):45-52.
③ 林孟清.推动乡村建设运动:治理农村空心化的正确选择 [J].中国特色社会主义研究,2010(05):83-87.
④ 刘祖云,武小龙.农村"空心化"问题研究:殊途而同归——基于研究文献的理论考察 [J].行政论坛,2012,19(04):82-88.
⑤ 薛力.城市化背景下的"空心村"现象及其对策探讨——以江苏省为例 [J].城市规划,2001(06):8-13.
⑥ 许恒周,殷红春,石淑芹.代际差异视角下农民工乡城迁移与宅基地退出影响因素分析——基于推拉理论的实证研究 [J].中国人口·资源与环境,2013,23(08):75-80.
⑦ 何芳,周璐.基于推拉模型的村庄空心化形成机理 [J].经济论坛,2010(08):208-210.
⑧ 王国刚,刘彦随,王介勇.中国农村空心化演进机理与调控策略 [J].农业现代化研究,2015,36(01):34-40.

受教育水平、人均固定资产投资与农村人口外流率呈现出正相关关系，而人均耕地面积、农民人均纯收入、乡村从业人员占比与农村人口外流率呈现出负相关关系（郭远智等，2020）[1]。

农村空心化的形成与治理的研究。农村人口空心化的实质是人力资本空心化，是由农村人力资本前期投入不足和当期严重流失引起的，在农业资源硬约束下，治理农村人口空心化可在加大农村人力资本投资、加强农村专业人才和新型职业农民培养上寻求适宜路径（郑万军、王文彬，2015）[2]。在方法论上，有学者将自然科学的协同论和社会科学的治理理论融合，形成协同治理理论模型，探讨多元化的治理主体，协同治理的宏观结构、微观结构及其运行机制等，指导空心村整治实践（刘建生、陈鑫，2016）[3]，借用默顿的结构功能主义理论，从乡村治理的主体、结构、过程、内容、方式等方面阐述农村空心化现象，指出农村主体缺位、结构失衡、民主流于形式是目前的三大困境，提出重视外源性建设、坚持内源性建设、建立外出务工人员回流机制将有助于农村"善治"（周春霞，2012）[4]。

随着乡村振兴战略的逐步实施，乡村基础设施建设、农业现代化水平以及人居环境建设都将上一个台阶，前进过程中所呈现的问题，在中央以及地方各级政府的推动下，随着发展而得到逐步改善。

三、中国农村发展的道路选择和动力机制构建研究

改革开放以来中国经济的快速发展取得了举世瞩目的成绩，同时，城市的迅猛发展与乡村的缓慢落后、城市的拥挤不堪带来的资源紧张与乡村的空心化引起的资源浪费、城市的繁荣与农村的衰落等发展不平衡、不充分也阻碍着中国持续向前发展。中国农村发展如何走、怎么走，在新时期也考量着学界和政界。

（一）体制机制转换推动新农村建设

国家高度重视农村建设。中华人民共和国成立后的 1955 年，毛泽东主席为了对农

---

① 郭远智，周扬，刘彦随.中国农村人口外流的时空演化及其驱动机制 [J].地理科学，2020,40(01):50–59.

② 郑万军，王文彬.基于人力资本视角的农村人口空心化治理 [J].农村经济，2015(12):100–104.

③ 刘建生，陈鑫.协同治理：中国空心村治理的一种理论模型——以江西省安福县广丘村为例 [J].中国土地科学，2016,30(01):53–60.

④ 周春霞.农村空心化背景下乡村治理的困境与路径选择——以默顿的结构功能论为研究视角[J].南方农村，2012,28(03):68–73.

业进行社会主义改造，给农业生产和农村建设指出的远景即"农业十七条"[①]。改革开放至 2006 年《中共中央国务院关于推进社会主义新农村建设的若干意见》颁布前，党的历史文献中有 5 次专门提到社会主义新农村建设。1979 年 9 月 28 日，中共十一届四中全会通过的《中共中央 关于加快农业发展若干问题的决定》提出要"有计划地发展小城镇建设和加强城市对农村的支持"；1984 年中共中央《关于 1984 年农村工作的通知》号召企事业单位和个人"为促进商品生产发展、加强工农联盟、建设社会主义新农村做出新的贡献……为建设社会主义新农村而奋斗"；1984 年 1 月 21 日中共中央办公厅批转的《全国文明村（镇）建设座谈会纪要》要求"紧紧围绕经济建设这个中心……把农村建设成为高度文明、高度民主的社会主义现代化的新农村"；1991 年 11 月 29 日，中共十三届八中全会通过的《中共中央关于进一步加强农业和农村工作的决定》明确提出了 20 世纪 90 年代建设新农村的总目标……逐步实现物质生活比较丰裕，精神生活比较充实，居住环境改善，健康水平提高，公益事业发展，社会治安良好；1998 年 10 月 14 日，中共十五届三中全会通过《中共中央关于农业和农村工作若干重大问题的决定》中提出"建成富裕民主文明的社会主义新农村""建设有中国特色社会主义新农村"等概念，并规划了从那时到 2010 年建设有中国特色社会主义新农村在经济、政治和文化等方面的奋斗目标（王景新，2006）[②]。再到 2006 年的《中共中央国务院关于推进社会主义新农村建设的若干意见》和 2018 年的《乡村振兴战略规划（2018–2022 年）》，系列文件与时俱进，是在深刻把握现代化建设规律和城乡关系变化特征的基础上作出的科学论断，表明了党中央对"三农"问题的高度重视。

解决乡村问题的治本之策在于从政治、经济与社会等体制方面解开对农民的束缚，同时又给予充分的支持，帮助农民尽快地走上富裕和发展之路（肖唐镖，2003）。改革开放初期，家庭承包的土地政策改革提高了农村农民的收入，但随后由于赋税改革和资源配置效率低下导致经济负担较重，农民生活贫穷。城镇化和工业化快速发展后，农村剩余劳动力大量转移务工，提高了农村经济水平。在影响农民收入的众多因素中，经济增长和收入分配是两个重要方面。未来农民收入的增长主要取决于第二产业和第三产业的增长及其对国民经济的贡献作用，需要大力推进城市化和工业化，增加农业投资，改善农村信贷，按照比较优势原则来调整农业生产结构，为农民收入长期增长创造公平有利的外部条件。同时，调整国民经济分配格局，为农民增收创造条件。

---

① 《中共中央提出的一九五六年到一九六七年全国农业发展纲要（草案）》
② 王景新. 乡村建设的历史类型、现实模式和未来发展 [J]. 中国农村观察,2006(03):46–53, 59.

按照"多予少取"的原则，增加对农业和农村公共设施建设的投入，改善农村金融服务，减轻农民税费负担，确保农民平等地获得由经济增长带来的利益（王德文、蔡昉，2003）[1]。通过对转型中的农村建设进行梳理，并与韩国新村运动进行比较，分析了我国农村建设在发展战略、建设规划、政府角色和资金投入机制等9个方面的差异，提出了从体制安排及其价值转换上解决乡村问题的建议（肖唐镖，2003）[2]。

乡村发展是乡村地域系统在多时空尺度上循环累积演化的结果（刘彦随，2011）[3]，乡村再造应遵循不同的类型，选择不同的发展模式，分门别类、因地制宜，开展乡村规划与建设。

（二）城乡一体化发展的系统观

城乡发展是一个有机的二元系统，相互支撑，不可分割。在探讨发展模式方面，以王景新（2005）为代表，提出以政府为主导消除二元经济结构，启动"以工哺农，以工建农"模式的新农村建设，大规模投资农村教育、文化、医疗、社会保障、基础设施等社会事业，缩小城乡差距，实现城乡协调发展。

城乡发展面临半城市化、农村地域空心化、土地资源配置矛盾显化、区域城乡发展差异拉大、城乡环境问题日益突出等问题，剖析传统经济增长模式、快速城镇化路径、农业土地制度与户籍制度的约束，探索差别化的城乡发展的科学路径，加快创新城乡土地配置与管理制度，全面构建村镇建设新格局，深化城乡发展转型体制机制改革，营造中国城乡平等、协调、一体发展的内生机制和外部环境（刘彦随等，2016）[4]。

城乡一体化不是追求"一样化""一元化"，关键是要推进形成以工促农、以城带乡、工农互惠、城乡一体的新型工农城乡关系，逐步缩小城乡差距，实现城乡等值化（刘彦随，2015）。由于第二、三产业劳动生产效率高于第一产业，在市场经济资源自由配置的条件下，劳动力会从乡村流向城镇，追逐收益最大化，从而导致乡村劳动力不足。

从系统论的角度，剖析中国区域农村系统发展的动力机制。从农村自身发展的能力、工业化与城镇化的外援驱动力两个维度，对工业企业带动型、城镇建设带动型、劳务输出带动型、特色产业发展型、生态旅游发展型和专业市场组织型共六种农村发

---

① 王德文，蔡昉. 宏观经济政策调整与农民增收 [J]. 中国农村观察,2003(04):2-12,80.

② 肖唐镖. 转型中的乡村建设：过程、机制与政策分析 [J]. 中国农村观察,2003(06):65-74.

③ 刘彦随. 中国新农村建设地理论 [M]. 北京：科学出版社,2011.

④ 刘彦随，严镔，王艳飞. 新时期中国城乡发展的主要问题与转型对策 [J]. 经济地理,2016,36(07):1-8.

展模式的基本特征、适宜发展区域和农村治理模式进行比较分析，指出农村发展模式研究必须置于城乡整体系统中统筹考虑，尤其考虑区域工业化与城市化的宏观背景条件，对正处于工业化、城市化快速发展阶段下的我国农村转型发展研究，具有重要的启示意义（张富刚、刘彦随，2008）[①]。

四、国外乡村建设的经验借鉴

以赵庆海和费利群（2007）为代表，对英、美、日、韩等国乡村建设进行归纳，得出各国在进行乡村建设时主要采用充分发挥政府主导作用、突出农业的基础地位、推广农业科学技术、加强农村基础设施建设、注重对农民的教育和培训等措施和方法[②]。

20 世纪 60 年代以来，一些发达国家围绕农村发展问题，不断推进农村改革实践，譬如法国的"农村振兴计划"，德国的"巴伐利亚实验"，韩国的"新村运动"，日本的"国民收入倍增计划"等，均为解决农村发展问题提供了经验借鉴（蓝海涛、黄汉权，2006）[③]。比较战后德国乡村实施的"我们的乡村应更美丽"行动计划，建议我国应先完善乡村发展的政策纲领、规划体系和行动计划，鼓励当地居民参与制定乡村发展规划；具有区域特色的乡村地区应实现基础设施和公共服务现代化，但保持村庄形态结构和景观的乡村风貌；提高农产品质量和数量，发展乡村地产和乡村服务业；部分生态脆弱的乡村地区应进行生态移民，建成生态和自然公园（孟广文、Hans Gebhardt，2011）[④]。我国乡村发展的状态及面临的挑战在某些方面与"二战"后英国等欧洲国家具有相似性，比如以农业为主的经济向多样化乡村经济转型、适应新技术和扩张的市场、应对城市对各种资源的掠夺、改善陈旧的基础设施、青壮年人口外流。在政策制定上，我国应尝试体现"自下而上"，强调政策的综合性，注重乡村发展计划的长远性与可持续性（龙花楼等，2010）[⑤]。韩国"新村运动"在转移大量农业人口和改善农村基础设施的基础上，采取良种推广、政府补贴种粮、调整农业结构"粮改经"、政府大量投资扶持农村等措施，有效增加了农民收入，最终实现了农业产业化、农村工业化、农村城市化，

---

① 张富刚，刘彦随. 中国区域农村发展动力机制及其发展模式 [J]. 地理学报 ,2008(02):115–122.

② 赵庆海，费利群. 国外乡村建设实践对我国的启示 [J]. 城市问题 ,2007(02):51–55.

③ 蓝海涛，黄汉权. 新农村建设的国际经验与启示 [J]. 中国经贸导刊 ,2006(07):18–20.

④ 孟广文，Hans Gebhardt. 二战以来联邦德国乡村地区的发展与演变 [J]. 地理学报 ,2011,66(12):1644–1656.

⑤ 龙花楼，胡智超，邹健. 英国乡村发展政策演变及启示 [J]. 地理研究 ,2010,29(08):1369–1378.

农村居民生活条件与城市相差无几（陈昭玖等，2006）[①]。也有学者将我国的城乡统筹与韩国新村运动相比较，得出：以合作化为突破口统筹城乡发展，切实保障农民在合作社组织中实现自治，农业在新产业形态中一体化发展，农村在产业发展内在动力的驱动下实现新型城镇化（秦晓微、朱天舒，2012）[②]。

他国农村发展的研究浓墨重彩的地方有：乡村建设突出以农民为主体，在政府的大力扶持下，实现城乡一体。韩国的"新村运动"的核心是政府积极引导与农民自主精神相结合，注重基础设施建设和农民增收，强调分村指导、农民自愿，解决实际问题。日本的"造村运动"主要采取国家一体化规划及开发，大力发展农民组织，维护农民权益，推动城乡交流，巩固"市民农园"。很多发达国家在乡村建设过程中采取了符合自身国情的反哺切入点、发展路径和战略模式。其中，政府的巨大推动作用、民众的广泛参与、体制的保障与革新等发挥了关键性作用（李瑞霞等，2008；赵庆海、费利群，2007；赵国锋等，2010）[③][④]。

第五节 小结及下一步安排

总结众多研究乡村建设与发展之路的文献，或是探讨乡村建设运动的思想理论与启示，或是在二元经济框架下探讨乡村发展问题及治理，或是通过乡村建设案例谈乡村发展道路选择和动力机制研究，也有谈及乡村衰落或消逝的必然性。但是，将农村放置于城镇化背景下，是重建，再造，还是任其衰亡？诸如此类的疑惑，其实决策层早已解答，建立新农村、美丽乡村等战略就是最好的证据。然而，关于乡村建设如何因地制宜、因势利导、重建、再造，凸显地域特色，发挥自然禀赋比较优势，培育农村建设主体以及配套政策跟进的设计研究甚少。

鉴于此，本研究下一步将以改革开放以来中国经济与社会发展大变革为背景，从"乡村再造的国家战略实施效果评估，寻找乡村发展的道路选择；分析和总结农村建设与发展的支撑条件和不利因素，探寻乡村再造的内在机理；农村发展主体空间异位的社会经济影响效应；乡村怎样来再造内生动力和外部拉力；乡村再造的新战略框架构建"一共五个方面展开研究和分析，力争做出一点学术贡献。

① 陈昭玖，周波，唐卫东，等.韩国新村运动的实践及对我国新农村建设的启示 [J].农业经济问题,2006(02):72–77.
② 秦晓微，朱天舒.韩国新村运动与我国统筹城乡发展之比较 [J].学术交流,2012(07):81–84.
③ 李瑞霞，陈烈，沈静.国外乡村建设的路径分析及启示 [J].城市问题,2008(05):89–92,95.
④ 赵国锋，张沛，田英.国外乡村建设经验对西部地区新农村建设模式的启示 [J].世界农业,2010(07):15–18.

第二章

乡村再造的
国家战略
效果评估

第一节 城乡发展国家战略脉络演进

一、城镇化建设与发展

改革开放以前，中国的社会形态是城乡之间相互隔离和相互封闭的"二元社会"。这里所说的二元社会结构，是指政府对城市和市民实行"统包"，而对农村和农民则实行"统制"，即由财产制度、户籍制度、住宅制度、粮食供给制度、副食品和燃料供给制度、教育制度、医疗制度、就业制度、养老制度、劳动保险制度、劳动保护制度甚至婚姻制度等具体制度所造成的城乡之间的巨大差异，构成了城乡之间相对独立的壁垒，农村人口不能向城市自由流动。

改革开放后，城乡之间的壁垒逐渐松动并被打破，特别是乡镇企业的发展，使得中国的城市化呈现出以小城镇迅速扩张、人口就地城市化为主的特点。从中国城市化政策的变化上看，主要体现在两个方面：一是由过去实行城乡分隔，限制人口流动逐渐转为放松管制，允许农民进入城市就业，并鼓励农民迁入小城镇；二是确立了以积极发展小城镇为主的城市化发展战略方针。由此拉开了中国城镇化快速发展的序幕。

（一）城镇化进程

改革开放以来，中国城市化进程大致经历了以下几个阶段[①]：第一阶段：1978—1984 年，以农村经济体制改革为主要动力推动城市化，带有恢复性。大约 2000 万知识青年返城就业，全面恢复高考，一批批农村学生进入城市；城乡集市贸易开放，大量农民进入城市和小城镇，出现大量城镇暂住人口；乡镇企业开始崛起，促进了小城镇的发展。这个阶段，就人口来看，城市化率由 1978 年的 17.92% 提高到了 1984 年的 23.01%，年均提高 0.85 个百分点。第二阶段：1985—1991 年，乡镇企业和城市改革双重推动城市化阶段。这个阶段以发展新城镇为主，沿海地区出现了大量新兴的小城镇。同时，中共中央决定进一步开放沿海 14 个港口城市：大连、秦皇岛、天津、烟台、青岛、连云港、南通、上海、宁波、温州、福州、广州、湛江、北海。它们与

---

① 武力.1978—2000 年中国城市化进程研究 [J]. 中国经济史研究 ,2002(03):73–82.

深圳、珠海、汕头、厦门四个经济特区及海南岛由北到南连成一线，成为中国对外开放的前沿地带。城镇化率从 23.71% 提高到 26.94%，年均增长 0.65 个百分点。第三阶段：1992—2000 年，城市化全面推进阶段，以城市建设、小城镇发展和普遍建立经济开发区为主要动力。1992—2000 年，城市化率由 27.63% 提高到 36.22%，年均提高 1.07 个百分点。进入 20 世纪 90 年代以后，中国城市化已从沿海向内地全面展开。2000 年底与 1992 年相比，建制市已从 514 个增加到 659 个 [①]，建制镇则从 14539 个增加到 20312 个；从人口来看，城市人口从 32175 万增长到 45906 万人，年均增长 1716.3 万人。第四阶段：2001 年至今，新型城镇化阶段，以城乡统筹、城乡一体化为目标。国内城市建设用地扩张了 83%，城镇人口增长了 45%，土地城镇化的速度快于人口城镇化。

（二）城镇化政策

1978 年以后，在经济高速增长而城乡户籍分隔的背景下，积极发展小城镇必然会成为可供政府选择的最佳城市化政策。中国的城市化由被压制转为松动和放开，从控制城市人口增长转向鼓励小城镇发展。1983—1998 年间，共有 100 多个县级市升格为地级市，净增县级市 286 个。

1997 年 6 月，国务院批转了公安部《小城镇户籍管理制度改革试点方案》和《关于完善农村户籍管理制度的意见》的通知。应当适时进行户籍制度改革，允许已经在小城镇就业、居住并符合一定条件的农村人口在小城镇办理城镇常住户口，以促进农村剩余劳动力就近、有序地向小城镇转移，促进小城镇和农村的全面发展。农村新生婴儿可以随母或者随父登记常住户口。此后，许多小城市为促进经济发展，基本放开了户籍限制，放松了外地人口进入本市的限制。1998 年 10 月，中共十五届三中全会通过了《中共中央关于农业和农村工作若干重大问题的决定》，提出"发展小城镇，是带动农村经济和社会发展的一个大战略"，进一步提升了发展小城镇的重要地位。

2000 年 7 月，中共中央、国务院《关于促进小城镇健康发展的若干意见》指出，加快城镇化进程的时机和条件已经成熟。抓住机遇，适时引导小城镇健康发展，应当成为当前和今后较长时期内农村改革与发展的一项重要任务。2000 年 10 月，中共中央在关于"十五"规划的建议中提出："随着农业生产力水平的提高和工业化进程的加快，我国推进城镇化的条件已渐成熟，要不失时机地实施城镇化战略。"2001 年 5 月，

---

① 查询国家统计数据，建制市的数量为地级市与县级市数量之和。

国务院批转公安部《关于推进小城镇户籍管理制度改革的意见》，明确了城镇常住人口落户改革，实际意义上废除了城乡分隔制度约束。

2000—2010年间，城镇化快速推进，国内城市用地扩张83%，但同期包括农民工在内的城市人口仅增长45%，人口城镇化落后于土地城镇化引发城镇化改革。2014年3月，《国家新型城镇化规划（2014—2020年）》提出了新型城镇化概念，是以城乡统筹、城乡一体、产业互动、节约集约、生态宜居、和谐发展为基本特征的城镇化，是大、中、小城市，小城镇，新型农村社区协调发展、互促共进的城镇化。

2016年2月，国务院《关于深入推进新型城镇化建设的若干意见》指出，新型城镇化是现代化的必由之路，是最大的内需潜力所在，是经济发展的重要动力，也是一项重要的民生工程，要求各地区深入推进新型城镇化建设，加快农业转移人口市民化进程，提高城镇化发展质量，充分发挥扩大内需的主动力作用。

二、国家推进农村建设的政策梳理

（一）领导人心系三农发展

一直以来，国家领导人高度重视"三农"发展，毛泽东同志非常关注"三农"问题，中华人民共和国成立初期，在《论十大关系》中辩证论述农业、轻工业和重工业之间的关系时，指出适当调整结构是为了更好地发展农业，但不改变以重工业为重点建设的方向。文中还强调，适当调整投资结构，让农业发展好起来，才能更好地支持工业发展，实现国家经济长期繁荣与社会稳定。1979年3月，小平同志在党的理论工作务虚会上所作的《坚持四项基本原则》的讲话中指出："现在全国人口有九亿多，其中百分之八十是农民……耕地少，人口多特别是农民多，这种情况不是容易改变的。这就成为中国现代化建设必须要考虑的特点。"1984年又指出："对内搞活经济，首先从农村着手。中国有百分之八十的人口在农村。中国社会是不是安定，中国经济能不能发展，首先要看农村能不能发展，农民生活是不是好起来。"这深刻揭示了中国的改革、发展和稳定与"三农"问题的关系。在阐明为什么把解决"三农"问题作为中国改革开放的突破口和基础时，小平同志分析指出："因为农村人口占全国人口的百分之八十，农村不稳定，整个政治局势就不稳定，农民没有摆脱贫困，就是我国没有摆脱贫困。"中国改革、发展与稳定的立足点实为正确处理和解决好"三农"问题，这也是建设有中国特色社会主义理论的实践基础。

1995 年 2 月 24 日，江泽民同志在中央农村工作会议上强调指出，在发展社会主义市场经济的形势下，一定要正确处理农业、农村和农民的问题，全党要比过去任何时候都更加重视农业和农村工作。

1997 年 9 月 12—18 日，党的十五次全国代表大会报告指出，加强农业基础地位，调整和优化经济结构，坚持把农业放在经济工作的首位，稳定党在农村的基本政策，深化农村改革，确保农业和农村经济发展、农民收入增加。

2002 年 3 月 6 日，江泽民指出农业、农村、农民问题是关系改革开放和现代化建设全局的首要问题。农业兴，百业兴；农民富，国家富；农村稳，天下稳。深化农村改革，加快农村发展，维护农村稳定，我们就能赢得全局工作的主动。

在九届全国人大五次会议江西、湖北代表团的全体会议上，江泽民在听取湖北代表的发言后说，做好农村工作，首先要落实好党在农村的基本政策。改革以来的实践充分证明，党的农村基本政策是完全正确的。实施承包经营不仅适合于传统农业，也适合于现代农业，具有广泛的适应性和旺盛的生命力；农民有了自主经营的承包地，就有了基本的生活保障，就能保持农村社会稳定。

努力增加农民收入，切实减轻农民负担，是实现农村稳定的根本保证，也是落实农村基本政策的出发点和归宿。近几年，我们在增加农民收入上采取了不少措施，见到了一定的效果。2001 年，农民收入结束了连续几年增幅下滑的局面，实现了恢复性增长，是不容易的。新阶段，增加农民收入是一个渐进的过程，需要做长期、艰苦的努力。要积极推进农业结构调整，依靠科技提高农业的质量和效益，加大政府对农业的支持力度，实现农民收入较快增长。在目前农民增收困难的情况下，减轻农民负担显得尤为重要。为了减轻农民负担，中央已经采取了一些重大措施，随着国家财力的增强，今后还要采取更多更有力的措施。希望大家共同努力，把减轻农民负担这件事做得更加扎实有效，让农民群众高兴 [①] 。

加强农业基础地位，推进农业和农村经济结构调整，保护和提高粮食综合生产能力，增强农业的市场竞争力。积极推进农业产业化经营，开拓农村市场。坚持党在农村的基本政策，长期稳定并不断完善以家庭承包经营为基础、统分结合的双层经营体制。有条件的地方可按照依法、自愿、有偿的原则进行土地承包经营权流转，逐步发展规模经营，推动农村经营体制创新，增强集体经济实力。继续推进农村税费改革，减轻农民负担，保护农民利益。坚持大、中、小城市和小城镇协调发展，走中国特色

---

① http://www.china.com.cn/chinese/PI-c/114925.htm

的城镇化道路。发展小城镇要以现有的县城和有条件的建制镇为基础，科学规划，合理布局，同发展乡镇企业和农村服务业结合起来。

2002年11月8日，党的十六大报告提出：统筹城乡发展，推进社会主义新农村建设。解决好农业、农村、农民问题，事关全面建设小康社会大局，必须始终作为全党工作的重中之重。要加强农业基础地位，走中国特色农业现代化道路，建立以工促农、以城带乡的长效机制，形成城乡经济社会发展一体化新格局。坚持把发展现代农业、繁荣农村经济作为首要任务，加强农村基础设施建设，健全农村市场和农业服务体系。加大支农惠农政策力度，严格保护耕地，增加农业投入，促进农业科技进步，增强农业综合生产能力，确保国家粮食安全。加强动植物疫病防控，提高农产品质量安全水平。以促进农民增收为核心，发展乡镇企业，壮大县域经济，多渠道转移农民就业，提高扶贫开发水平。深化农村综合改革，推进农村金融体制改革和创新，改革集体林权制度。坚持农村基本经营制度，稳定和完善土地承包关系，按照依法自愿有偿原则，健全土地承包经营权流转市场，有条件的地方可以发展多种形式的适度规模经营。探索集体经济有效实现形式，发展农民专业合作组织，支持农业产业化经营和龙头企业发展。培育有文化、懂技术、会经营的新型农民，发挥亿万农民建设新农村的主体作用。

2007年10月15日，胡锦涛在考察山东和河南，深入乡村农户、田间地头、农产品加工企业，就进一步解决好"三农"问题进行调研后，明确要求各级党委和政府切实把增加农民收入作为农业和农村工作的中心任务，坚持多予、少取、放活的方针，采取综合措施，加大工作力度，有针对性地解决农民增收面临的突出问题。要大力推进农业和农村经济结构战略性调整，积极推进农业产业化经营，增加对农业和农村的投入，继续推进农村税费改革，促进农民收入，尤其是种粮农民收入得到较快增长。要处理好调整农业结构、增加农民收入和保护粮食综合生产能力的关系，把农业结构调整的重点放到提高农产品的质量和效益、提高农业竞争力上来。要积极引导农村富余劳动力外出务工就业，进一步清理和取消针对农民进城务工就业的各种歧视性规定和不合理收费。

2012年11月8日，胡锦涛在党的十八大报告中指出，解决好农业、农村、农民问题是全党工作的重中之重，城乡发展一体化是解决"三农"问题的根本途径。要加大统筹城乡发展的力度，促进城乡共同繁荣。加大强农惠农富农政策力度，让广大农民平等参与现代化进程、共同分享现代化成果。加快发展现代农业，增强农业综合生产能力，确保国家粮食安全和重要农产品有效供给。深入推进新农村建设和扶贫开发，全面改善农村生产、生活条件。着力促进农民增收，保持农民收入持续较快增长。坚持和完善农村基本经营制度，构建集约化、专业化、组织化、社会化相结合的新型农业经营体系。改革征地制度，提高农民在土地增值收益中的分配比例。加快完善城乡发展一体化体制机制，促进城乡要素平等交换和公共资源均衡配置，形成以工促农、以城带乡、工农互惠、城乡一体的新型工农、城乡关系。

2012 年 11 月 30 日，习近平同志在党外人士座谈会上指出："要加强和巩固农业基础地位，加大对农业的支持力度，加强和完善强农惠农富农政策，加快发展现代农业，确保国家粮食和重要农产品有效供给。"2013 年 11 月 28 日，习近平同志在山东农科院召开座谈会时强调："手中有粮，心中不慌。保障粮食安全对中国来说是永恒的主题，任何时候都不能放松，历史经验告诉我们，一旦发生大饥荒，有钱也没用。""要通过推进基本公共服务均等化，发展现代农业，积极推进新农村建设，让农村成为农民幸福生活的美好家园。"

习近平还指出，解决好"三农"问题，根本在于深化改革，走中国特色现代化农业道路。党的十八届三中全会的《决定》提出："加强顶层设计和摸着石头过河相结合，整体推进和重点突破相促进。"

（二）中央"一号文件"引领"三农"发展

从中央"一号文件"的重点工作便可以看出"三农"建设的重点任务和走向。改革开放以来，关于农业、农村、农民简称"三农"问题的"一号文件"，从 1982 年起至今共发文 20 个（1987—2003 年换为其他形式），文件主要针对当前"三农"所面临的问题和困难，开展政策引导或疏导，各级政府和各族人民形成统一认识，齐心协力，攻坚克难。在问题上，既关注微观主体，比如农业和农村工商业个体经营问题，也关注培育市场机制等宏观问题，提高生产力水平，发展商品生产，比如统购统销向商品经济转换，还关注工农城乡结构、产业结构等差异问题，推进分配公平、协调均衡发展。特别是进入新世纪后，随着城镇化快速推进，农村人口大批量转移至城市，农村"空心化"、农民增收困难、乡村发展滞后等问题逐渐显现，中共中央、国务院高度关注，续以"一号文件"引领"三农"工作。

2004 年，中央出台指导"三农"工作的一号文件《中共中央国务院关于促进农民增加收入若干政策的意见》，在肯定粮食生产取得成绩的同时，指出农民人均纯收入连续增长缓慢，需要加大涉农资金投入，科技兴农，建立长效机制。2005 年，《中共中央国务院关于进一步加强农村工作提高农业综合生产能力若干政策的意见》强调加强农业基础设施建设，加快农业科技进步，提高农业综合生产能力。2006 年，《中共中央国务院关于推进社会主义新农村建设的若干意见》中强调，必须坚持以发展农村经济为中心，进一步解放和发展农村生产力，坚持"多予少取放活"的方针，重点在"多予"上下功夫，要动员各方面力量广泛参与，并明确提出将农业现代化放在首位。2007 年召开的党的十七大明确提出："要加强农业基础地位，走中国特色农业现代化道路，建立以工促农、以城带乡长效机制，形成城乡经济社会发展一体化新格局。"[1] 2009 年提出进一步加大对农业的基础设施和科技服务等方面的支持力度，政策上倾斜解决农民工就业问题，并进一步规范农地流转以及明确土地权益等问题。2010 年提出城乡统筹规划，健全强农惠农政策体系，推动资源要素向农村配置；提高现代农业装备水平，促进农业发展方式转变；加快改善农村民生，缩小城乡公共事业发展差距；协调推进城乡改革，增强农业农村发展活力。加快发展小城镇，为农村劳动力有序流动和转移落户提供便利。2012 年，重点强调科技兴农，推动农业科技发展，引导科技工作者。2013 年，明文要求把加快农业现代化放在重要地位。2014 年，强调深化农村改革，进一步加快推进农业现代化。2015—2016 年指出，要用发展的眼光，创新农业现代化建设并实现现代化目标。2018 年提出了乡村振兴战略实施意见等一系列文件精神的指导，彰显党中央、国务院高度重视"三农"工作，把农业发展和农村改革放在首要位置，是各项工作的重中之重，并协调各方力量达到农村富、农村强、农村美的最终目标（表 2-1）。

改革开放以来历年涉农"一号文件"主要信息　　　　　　　　　表 2-1

时间	文件	重点任务或主要工作
1982 年 1 月 1 日	全国农村工作会议纪要	承认包产到户合法：包产到户、到组，包干到户、到组，都是社会主义集体经济的生产责任制，明确"它不同于合作化以前的小私有的个体经济，而是社会主义农业经济的组成部分"
1983 年 1 月 2 日	当前农村经济政策的若干问题	放活农村工商业：促进农业从自给半自给经济向较大规模的商品生产转化，从传统农业向现代农业转化
1984 年 1 月 1 日	关于 1984 年农村工作的通知	在稳定和完善生产责任制的基础上，提高生产力水平，疏理流通渠道，发展商品生产
1985 年 1 月 1 日	关于进一步活跃农村经济的十项政策	从今年起，除个别品种外，国家不再向农民下达农产品统购派购任务，按照不同情况，分别实行合同定购和市场收购

---

[1] 2007 年党的十七大报告.

时间	文件	重点任务或主要工作
1986年1月1日	关于1986年农村工作的部署	调整工农城乡关系，摆正农业在国民经济中的基础地位。增加投入，保持农业稳定增长。深入推进农村经济改革等
2003年12月31日	中共中央国务院关于促进农民增加收入若干政策的意见	按照统筹城乡经济社会发展的要求，坚持"多予、少取、放活"的方针，调整农业结构，扩大农民就业，加快科技进步，深化农村改革，增加农业投入，强化对农业的支持保护，力争实现农民收入较快增长，尽快扭转城乡居民收入差距不断扩大的趋势
2004年12月31日	中共中央国务院关于进一步加强农村工作提高农业综合生产能力若干政策的意见	坚持统筹城乡发展的方略，坚持"多予、少取、放活"的方针，稳定、完善和强化各项支农政策，切实加强农业综合生产能力建设，继续调整农业和农村经济结构，进一步深化农村改革，努力实现粮食稳定增产、农民持续增收，促进农村经济社会全面发展
2005年12月31日	中共中央国务院关于推进社会主义新农村建设的若干意见	始终把"三农"工作当作重中之重，切实把建设社会主义新农村的各项任务落到实处，加快农村全面小康和现代化建设步伐。要完善、强化支农政策，建设现代农业，稳定发展粮食生产，积极调整农业结构，加强基础设施建设，加强农村民主政治建设和精神文明建设，加快社会事业发展，推进农村综合改革，促进农民持续增收，确保社会主义新农村建设有良好的开局
2006年12月31日	中共中央国务院关于积极发展现代农业扎实推进社会主义新农村建设的若干意见	坚持把解决好"三农"问题作为全党工作的重中之重，统筹城乡经济社会发展，实行工业反哺农业、城市支持农村和"多予、少取、放活"的方针，巩固、完善、加强支农惠农政策，切实加大农业投入，积极推进现代农业建设，强化农村公共服务，深化农村综合改革，促进粮食稳定发展、农民持续增收、农村更加和谐，确保新农村建设取得新的进展，巩固和发展农业农村的好形势
2007年12月31日	中共中央国务院关于切实加强农业基础建设进一步促进农业发展农民增收的若干意见	按照形成城乡经济社会发展一体化新格局的要求，突出加强农业基础建设，积极促进农业稳定发展、农民持续增收，努力保障主要农产品基本供给，切实解决农村民生问题，扎实推进社会主义新农村建设
2008年12月31日	中共中央国务院关于2009年促进农业稳定发展农民持续增收的若干意见	把保持农业农村经济平稳较快发展作为首要任务，围绕稳粮、增收、强基础、重民生，进一步强化惠农政策，增强科技支撑，加大投入力度，优化产业结构，推进改革创新，千方百计保证国家粮食安全和主要农产品有效供给，千方百计促进农民收入持续增长，为经济社会又好又快发展继续提供有力保障
2009年12月31日	中共中央国务院关于加大统筹城乡发展力度进一步夯实农业农村发展基础的若干意见	把统筹城乡发展作为全面建设小康社会的根本要求，把改善农村民生作为调整国民收入分配格局的重要内容，把扩大农村需求作为拉动内需的关键举措，把发展现代农业作为转变经济发展方式的重大任务，把建设社会主义新农村和推进城镇化作为保持经济平稳较快发展的持久动力，按照稳粮保供给、增收惠民生、改革促统筹、强基增后劲的基本思路，毫不松懈地抓好农业农村工作，继续为改革发展稳定大局作出新的贡献

时间	文件	重点任务或主要工作
2010年12月31日	中共中央国务院关于加快水利改革发展的决定	全面部署水利工作,力争通过5年到10年的努力,从根本上扭转水利建设明显滞后的局面
2011年12月31日	关于加快推进农业科技创新持续增强农产品供给保障能力的若干意见	同步推进工业化、城镇化和农业现代化,围绕强科技保发展、强生产保供给、强民生保稳定,进一步加大强农惠农富农政策力度,奋力夺取农业好收成,合力促进农民较快增收,努力维护农村社会和谐稳定
2012年12月31日	中共中央国务院关于加快发展现代农业进一步增强农村发展活力的若干意见	落实"四化同步"的战略部署,按照保供增收惠民生、改革创新添活力的工作目标,加大农村改革力度、政策扶持力度、科技驱动力度,围绕现代农业建设,充分发挥农村基本经营制度的优越性,着力构建集约化、专业化、组织化、社会化相结合的新型农业经营体系,进一步解放和发展农村社会生产力,巩固和发展农业农村的大好形势
2013年12月31日	关于全面深化农村改革加快推进农业现代化的若干意见	完善国家粮食安全保障体系;强化农业支持保护制度;建立农业可持续发展长效机制;深化农村土地制度改革;构建新型农业经营体系;加快农村金融制度创新;健全城乡发展一体化体制机制;改善乡村治理机制
2014年12月31日	关于加大改革创新力度加快农业现代化建设的若干意见	主动适应经济发展新常态,按照稳粮增收、提质增效、创新驱动的总要求,继续全面深化农村改革,全面推进农村法治建设,推动新型工业化、信息化、城镇化和农业现代化同步发展,努力在提高粮食生产能力上挖掘新潜力,在优化农业结构上开辟新途径,在转变农业发展方式上寻求新突破,在促进农民增收上获得新成效,在建设新农村上迈出新步伐,为经济社会持续健康发展提供有力支撑
2015年12月31日	关于落实发展新理念加快农业现代化实现全面小康目标的若干意见	持续夯实现代农业基础,提高农业质量效益和竞争力;加强资源保护和生态修复,推动农业绿色发展;推进农村产业融合,促进农民收入持续较快增长;推动城乡协调发展,提高新农村建设水平;深入推进农村改革,增强农村发展内生动力;加强和改善党对"三农"工作的领导
2016年12月31日	关于深入推进农业供给侧结构性改革加快培育农业农村发展新动能的若干意见	坚持新发展理念,协调推进农业现代化与新型城镇化,以推进农业供给侧结构性改革为主线,围绕农业增效、农民增收、农村增绿,加强科技创新引领,加快结构调整步伐,加大农村改革力度,提高农业综合效益和竞争力,推动社会主义新农村建设取得新的进展,力争农村全面小康建设迈出更大的步伐。深入推进农业供给侧结构性改革,加快培育农业农村发展新动能
2018年1月2日	中共中央国务院关于实施乡村振兴战略的意见	部署推进农业农村现代化,改善农业结构,提高农民就业质量,缓解相对贫困,推进城乡基本公共服务均等化,完善城乡融合发展体制机制,促进乡风文明,完善乡村治理体系,加强农村生态环境保护,实现美丽宜居乡村

注:表格信息摘录自党中央国务院联合发布的"一号文件"。

（三）"一号文件"关键词频次凸显国家重视农民脱贫增收问题

词频是指某个词语在一文中出现的次数。一般来讲，词频越高，说明该词的重要性越高。国家"一号文件"高度关注"三农"问题，其核心之一是指导各级政府集中力量推进农业快速发展、农村经济繁荣稳定和农民增收致富，其最为关键的因素是农民。农民是乡村发展的主体，是核心，解决好农民问题亦为稳定了农村。特别是城镇化背景下，城乡收入差距依然很大，农民增收是繁荣农村经济和稳定农民的最有效方式之一。梳理 2004—2018 年中央"一号文件"有关增收的关键词，发现绝大部分年份都高度关注农民增收问题，凸显国家高度关注农民增收脱贫致富，始终把农民问题放在重要位置（表 2-2）。

"一号文件"特殊关键词词频（单位：次）　　　　　　表 2-2

年份	关键词词频						
	增收	其中农民增收	农民收入持续较快增长	农民收入增长	农民收入稳定较快增长	增加农民收入	合计
2018	5	3					5
2017	3	3					3
2016	6	6	2	1	1		10
2015	12	4				6	18
2014							0
2013	3						3
2012	4						4
2011							0
2010	4		2				6
2009	5	1	2	4			11
2008	11	3	2				13
2007	8	3					8
2006	7	1	3				10
2005	6	5					6
2004	23	17				4	27

农业、农村、农民问题是关系改革开放和现代化建设全局的首要问题，城镇化政策、城市化进程、中央涉农"一号文件"以及中央领导人对农村农业发展的战略定位，体现了乡村问题是我国过去、现在乃至今后都非常重要的问题，关乎国计民生。农业兴，则百业兴；农民富，则国家富；农村稳，则天下稳。这足以显示"三农"工作是我国社会主义各项工作的重中之重。经过多年不懈努力，我国农村、农业发展迈上了新台阶，进入了新阶段。

第二节 改革开放以来中国农村、农业、农民的发展情况

改革开放以来，城乡社会发生了巨大变化，其内生动力主要由"转变"和"转型"推动：一是计划经济体制向市场经济体制转变，二是传统的农业、农村社会向现代工业化、城镇化社会转型（李培林，2013）[①]。体制转变和目标转型为生产要素在城乡、区域之间转移配置奠定了基础和条件，农村剩余劳动力大规模转移进城务工，并将劳动力的低成本转化为比较优势，支撑了国民经济的快速增长（蔡昉，2017）[②]。随着城镇化和工业化的快速发展，农业现代化、信息化等"四化同步"推进，乡村建设与农业发展也取得了长足进步。农业生产稳中有进，各种新型经营业态不断涌现；农民增产增收致富逐步实现，市民化进程有序推进；农村基础设施建设日趋完善，城乡基本公共服务均等化——落实，城乡收入差距得到有效遏制（表 2-3）。

1978—2017 年农村发展情况一览表 表 2-3

年份	农村播种面积（千公顷）	粮食播种面积（千公顷）	粮食产量（万吨）	国内生产总值（亿元）	第一产业生产总值（亿元）	从业总人员（万人）	第一产业从业人员（万人）	城镇就业人员（万人）	乡村就业人员（万人）	城镇居民人均可支配收入（元）	农村居民人均可支配收入（元）	城镇人口（万人）	乡村人口（万人）	城镇化率(%)
1978	150104	120587	30476.5	3678.7	1018.5	40153	28318	9514	30638	343.4	133.6	17245	79014	17.92
1979	148477	119263	33211.5	4100.5	1259	41025	28634	9999	31025	405	160.2	18495	79047	18.96
1980	146379	117234	32055.5	4587.6	1359.5	42361	29122	10525	31836	477.6	191.3	19140	79565	19.39
1981	145157	114958	32502	4935.8	1545.7	43725	29777	11053	32672	500.4	223.4	20171	79901	20.16
1982	144755	113463	35450	5373.4	1761.7	45295	30859	11428	33867	535.3	270.1	21480	80174	21.13
1983	143993	114047	38727.5	6020.9	1960.9	46436	31151	11746	34690	564.6	309.8	22274	80734	21.62
1984	144221	112884	40730.5	7278.5	2295.6	48197	30868	12229	35968	652.1	355.3	24017	80340	23.01
1985	143626	108845	37910.8	9098.9	2541.7	49873	31130	12808	37065	739.1	397.6	25094	80757	23.71
1986	144204	110933	39151.2	10376.2	2764.1	51281	31254	13292	37990	900.9	423.8	26366	81141	24.52
1987	144957	111268	40473.1	12174.6	3204.5	52784	31663	13783	39000	1002.1	462.6	27674	81626	25.32
1988	144869	110123	39408.1	15180.4	3831.2	54334	32249	14267	40067	1180.2	544.9	28661	82365	25.81
1989	146554	112205	40754.9	17179.7	4228.2	55330	33225	14390	40939	1373.9	601.5	29540	83164	26.21
1990	148362	113466	44624.3	18872.9	5017.2	64749	38914	17041	47708	1510.2	686.3	30195	84138	26.41
1991	149586	112314	43529.3	22005.6	5288.8	65491	39098	17465	48026	1700.6	708.6	31203	84620	26.94
1992	149007	110560	44265.8	27194.5	5800.3	66152	38699	17861	48291	2026.6	784	32175	84996	27.46
1993	147741	110509	45648.8	35673.2	6887.6	66808	37680	18262	48546	2577.4	921.6	33173	85344	27.99

---

① 李培林 . 转型背景下的社会体制变革 [J]. 求是 , 2013(15):45-47.

② 蔡昉 . 改革时期农业劳动力转移与重新配置 [J]. 中国农村经济 , 2017(10):2-12.

年份	农村播种面积（千公顷）	粮食播种面积（千公顷）	粮食产量（万吨）	国内生产总值（亿元）	第一产业生产总值（亿元）	从业总人员（万人）	第一产业从业人员（万人）	城镇就业人员（万人）	乡村就业人员（万人）	城镇居民人均可支配收入（元）	农村居民人均可支配收入（元）	城镇人口（万人）	乡村人口（万人）	城镇化率（%）
1994	148241	109544	44510.1	48637.5	9471.8	67455	36628	18653	48802	3496.2	1221	34169	85681	28.51
1995	149879	110060	46661.8	61339.9	12020.5	68065	35530	19040	49025	4283	1577.7	35174	85947	29.04
1996	152381	112548	50453.5	71813.6	13878.3	68950	34820	19922	49028	4838.9	1926.1	37304	85085	30.48
1997	153969	112912	49417.1	79715	14265.2	69819	34840	20781	49039	5160.3	2090.1	39449	84177	31.91
1998	155706	113787	51229.53	85195.5	14618.7	70637	35177	21616	49021	5425.1	2162	41608	83153	33.35
1999	156373	113161	50838.58	90564.4	14549	71394	35768	22412	48982	5854	2210.3	43748	82038	34.78
2000	156300	108463	46217.52	100280.1	14717.4	72085	36043	23151	48934	6280	2253.4	45906	80837	36.22
2001	155708	106080	45263.67	110863.1	15502.5	72798	36399	24123	48674	6859.6	2366.4	48064	79563	37.66
2002	154636	103891	45705.75	121717.4	16190.2	73280	36640	25159	48121	7702.8	2475.6	50212	78241	39.09
2003	152415	99410	43069.53	137422	16970.2	73736	36204	26230	47506	8472.2	2622.2	52376	76851	40.53
2004	153553	101606	46946.95	161840.2	20904.3	74264	34830	27293	46971	9421.6	2936.4	54283	75705	41.76
2005	155488	104278	48402.19	187318.9	21806.7	74647	33442	28389	46258	10493	3254.9	56212	74544	42.99
2006	152149	104958	49804.23	219438.5	23317	74978	31941	29630	45348	11759.5	3587	58288	73160	44.34
2007	153464	105638	50413.85	270232.3	27788	75321	30731	30953	44368	13785.8	4140.4	60633	71496	45.89
2008	156266	106793	53434.29	319515.5	32753.2	75563	29923	32103	43461	15780.8	4760.6	62403	70399	46.99
2009	158614	108986	53940.86	349081.4	34161.8	75827	28890	33322	42506	17174.7	5153.2	64512	68938	48.34
2010	160675	109876	55911.31	413030.3	39362.6	76105	27931	34687	41418	19109.4	5919	66978	67113	49.95
2011	162283	110573	58849.33	489300.6	46163.1	76420	26594	35914	40506	21809.8	6977.3	69079	65656	51.27
2012	163416	111205	61222.62	540367.4	50902.3	76704	25773	37102	39602	24564.7	7916.6	71182	64222	52.57
2013	163453	115908	63048.2	595244.4	55329.1	76977	24171	38240	38737	26467	9429.6	73111	62961	53.73
2014	164966	117455	63964.83	643974	58343.5	77253	22790	39310	37943	28843.9	10488.9	74916	61866	54.77
2015	166829	118963	66060.27	689052.1	60862.1	77451	21919	40410	37041	31194.8	11421.7	77116	60346	56.1
2016	166939	119230	66043.51	743585.5	63672.8	77603	21496	41428	36175	33616.2	12363.4	79298	58973	57.35
2017	166332	117989	66160.72	827121.7	65467.6	77640	20944	42462	35178	36396.2	13432.4	81347	57661	58.52

注：表格中数据主要来源于统计局发布的年度统计年鉴。

一、农业生产总值稳步提高，粮食增产增收

　　农村土地政策改革，推行家庭联产承包责任制，调动了小农的生产积极性，使粮食产量稳步增长，解决了亿万农民的温饱问题。随着城乡统筹、以城带乡、以工促农、"多予少取"、支农惠农等政策逐步实施，农业基础设施不断更新，科技兴农不断推广，农业现代化基础不断夯实，农业生产总值得到较大增长，粮食增产效

果明显。

从农村农业生产总值的量级规模来看，1978 年农业生产总值为 1018.5 亿元，2006 年农业生产总值为 23317 亿元，2017 年达到 65467.6 亿元。改革开放以来，历经 40 年的稳定发展，农业生产总值增长了 60 多倍，特别是新农村建设以来的 10 年，生产总值增长了近 3 倍（图 2-1）。从全国粮食播种面积这一指标来看，1978 年为 120587 千公顷，2017 年为 117989 千公顷，由于快速城市化引起了土地非农化，耕地面积被征用、侵占，但随着土地开垦弥补耕地不足和保护力度的加强，总体上保持着相对稳定，相差不大，播种面积减少了约 2%。从粮食总产量来看，1978 年为 30476.5 万吨，2017 年为 66160.7 万吨，总产量翻了一倍，增长趋势呈现出稳步上升的特征，2000 年后出现了一次波动，但很快重拾升势（图 2-2）。在粮食播种面积前后变化不大的情况下，农业新技术、新方法等现代化技术的广泛应用和组织经营管理机制的有效保障，成为提高农业劳动生产效率和粮食产量稳步增长的主要动力因素。

如果用农机总动能和化肥施用量两项指标来刻画农业现代化水平，根据统计年鉴数据显示，1978—2017 年，农机总动能从 11750 万千瓦增长到了 98783.3 万千瓦，增加了 8.4 倍。化肥施用量从 884 万吨增加到 5859.4 万吨，增长了 6.6 倍 [①]。由此不难发现，农村农业粮食生产总量的增长趋势与农机总动能和化肥施用量的增长趋势保持一致。实证分析部分也证实了农机总动能和化肥施用量与农村农业总收入之间存在显著的正相关关系，说明农业现代化水平的提高推动了农村经济收入的增长。

二、农民增收致富，可支配收入水平显著提高

乡村居民在包产、包干到户等土地政策的转变下，获得了土地自主经营权，种地生产积极性得到释放，农业生产总量稳步增长，农村居民生活条件迅速改善，脱贫致富解决了全民温饱问题。在快速城镇化和工业化浪潮中，乡村剩余劳动力向城镇和工业转移就业，获取务工收益。农村农业因剩余劳动力外出务工，务农人均生产效率因务工总数减少而得到大幅提高。农村家庭在工农兼业双收的情况下，经济总收入迅速增长，居民生活条件和水平得到显著提高，逐步迈向了丰衣足食的小康社会。

---

① 文中所用数据来源于《中国统计年鉴》。

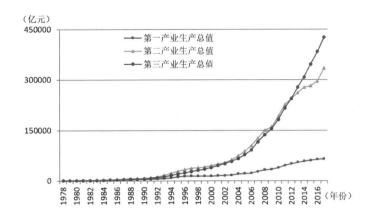

图 2-1 三次产业生产总值时间序列

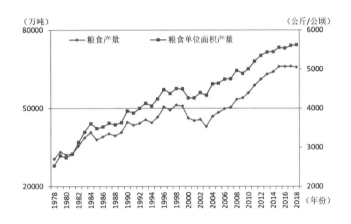

图 2-2 粮食生产总值和单位生产量

以农村居民可支配收入这一指标来刻画农民的经济能力，可以发现：1978 年农村居民可支配收入仅为 133.6 元，2017 年乡村居民可收入达到 12432.4 元，增长了 90 多倍。再通过农村居民居住房屋的质量以及屋内家具的数量和质量、日常消费物资的层次，也可以看出近几十年来农村居民生活水平发生了翻天覆地的变化。特别是 2006 年以来，国家取消了农业税，开展新农村建设，大量惠农惠民资金流向农村，使得农村经济又快又好地发展。

由于政策的延续性和产生效果的滞后性，经济增长会从一个稳态过渡到另一个稳态，表现为由初级形态向高一级形态梯度发展，这符合经济增长理论逻辑。从农村居民人均可支配收入变化趋势看：1978—1993 年，农村居民可支配收入处于较低水平；1994—2006 年，可支配收入得到大幅度增长，到达新一层级。2006 年以后，农村居民可支配收入快速增长，新的层级被不断突破，正逐步向高一层发展。这一现象表明，国家坚持把解决"三农"问题作为全党工作的重中之重，紧紧围绕稳粮、增收、提质增效、创新驱动的要求，推动新型工业化、信息化、城镇化与农业现代化同步发展，促进了农民增收致富，取得了突出的成绩和良好的效果。

值得注意的是，如果将乡村居民可支配收入水平与城镇居民相比较而展开分析，便不难得出以下结论：①城乡居民可支配收入差距的绝对值在逐步扩大；②城乡居民可支配收入之比在波动中缓慢上移（图2-3）。形成第一个结果的主要原因是城乡差距和工农收入差距，通过第一、二、三产业的比较劳动生产率的差距便可以得到证实。造成第二个结果的原因，可归结为与3个时间节点有关：一是1978年党的十一届三中全会提出改革开放，全面解放生产力和发展生产力，逐步承认包产到户、到组，包干到户、到组的合法性，自给自足、统购统销转向商品化、市场化，经济体制的转变促使农村农民的生产积极性得到空前高涨，农业增产，农民增收。二是1993年推行小城镇建设，吸纳农村剩余劳动力转移，农村农民在家务农或进城务工，充分就业实现了农村家庭经济总收入的稳定增长。但资本重城轻乡、亲工疏农致使农村大量劳动力外流，农业生产可持续发展动力不足。三是2006年开始着力推进社会主义新农村建设，采取以城市支持乡村、工业反哺农业和多予少取放活的方针，坚持加大农业投入等支农惠农政策，推进农业现代化建设，确保农民持续增收，以至于城乡可支配收入之比扩大的趋势得到了遏制，城乡统筹协同发展一步步落实。1978—2017年共40年的时间里，由于城乡自身发展基础等历史原因，城镇发展速度一直快于乡村，尽管支农惠农政策不断发展深化，但城乡差距较大的现实依然存在。各项惠农政策的实施，有效地减缓了城乡收入差距拉大的进程，但无法改变城乡差距的整体趋势。不过，农业的投资收益周期相对较长，随着农村建设的不断推进、农业现代化的不断深化，投入产出的推动效应将会很快实现，乡村终将振兴。从农户固定资产投资额的变化曲线可预知乡村的基础建设（图2-4）。

三、农村家庭收入结构由以农为主转变为工农兼收

梳理改革开放至今的国家政策，随着城乡人口户籍制度的废除，国家逐步鼓励农民到小城镇就业并落户居住，劳动力流动为城乡资源配置的提高创造了可能的条件。由于农业种植具有季节性，除农忙时节外，一部分空闲时间农民可以外出劳动。国家

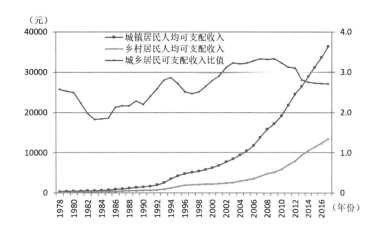

图 2-3 城乡居民可支配收入情况

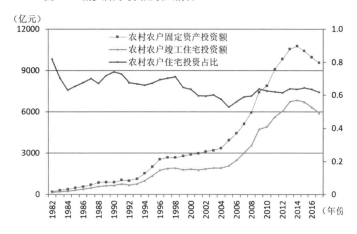

图 2-4 农村农户固定资产投资额

推行城镇化、工业化需要大量劳动力，这种需求为农村劳动力流动和供给提供了市场。在市场供需关系的作用下，农民利用农闲时节外出务工既可以缓解城镇化和工业化下的用工紧张，又可以增加农村居民的务工收益，形成工农兼业双收的局面，进而促进形成农村家庭内部的分工合作体系。

研究发现，在所有影响家庭劳动分工的主要因素中，人均耕地面积和城乡收入差距的影响较为显著，人均耕地面积较大的区域，劳动力倾向于从事第一产业的比例较高。城乡收入差距越大，劳动力选择从事第一产业的比例越小，但当社会发展到一定阶段的时候，这个影响会向反方向延伸。在实证分析环节，以云南省红河州建水县西庄镇自然村的数据为例，国家推行"三农"政策确保了农业种植的基本收益，随着时间的推移而增长。通过双重差分法对不同区域的种植业展开分析，发现实行政策前后的差别并不明显，虽然具有时间趋势，但农村家庭如果仅仅依靠传统农业种植，脱贫致富还存在较大难度。

以云南省红河州建水县西庄镇村级数据为例，考察农村家庭经济总收入占比情况。农村家庭收入一般可分为农、林、牧、渔、第二和第三产业、工资性收入和其他转移性、财产性收入共 7 种类型。通过计算 2006—2016 年各类收入的占比情况发现：农业种植业收入占比平均约为 40.2%，林牧渔业占比平均约为 17.7%，非农收入占比平均约为 42.3%。非农收入与农业收入基本持平，而且比较稳定（表 2-4）。

云南省西庄镇农村收入结构一览表　　　　　　　表 2-4

年份	农村经济总收入（万元）	种植业收入（万元）	种植业收入占比	畜牧业收入（万元）	畜牧业收入占比	渔业收入（万元）	渔业收入占比	林业收入（万元）	林业收入占比	第二、三产业收入（万元）	第二、三产业收入占比	工资性收入（万元）	工资性收入占比	其他收入（包括转移性、财产性收入等）（万元）	其他收入占比
2006	22699.27	9606.92	0.423	2991.41	0.132	155.30	0.007	164.10	0.007	7499.82	0.330	2334.86	0.103	1945.90	0.086
2007	30901.37	11847.80	0.383	4382.20	0.142	215.00	0.007	288.10	0.009	9263.40	0.300	2780.56	0.090	2208.10	0.071
2008	34370.18	14077.30	0.410	4610.20	0.134	215.00	0.006	738.10	0.021	9767.40	0.284	2839.56	0.083	2260.10	0.066
2009	34370.18	14077.30	0.410	4610.20	0.134	215.00	0.006	738.10	0.021	9767.40	0.284	2839.56	0.083	2260.10	0.066
2010	39324.73	14967.46	0.381	7674.00	0.195	217.30	0.006	338.00	0.009	11596.60	0.295	2226.10	0.057	2260.10	0.057
2011	41617.24	17328.83	0.416	8433.80	0.203	328.48	0.008	440.25	0.011	10171.56	0.244	3264.52	0.078	3553.74	0.085
2012	45731.19	18913.83	0.414	8433.80	0.184	328.48	0.007	440.25	0.010	10972.16	0.240	3464.52	0.076	3553.74	0.078
2013	50255.33	20459.29	0.407	8433.80	0.168	328.48	0.007	440.25	0.009	12054.02	0.240	3664.52	0.073	3553.74	0.071
2014	55236.98	22502.29	0.407	8433.80	0.153	328.48	0.006	440.25	0.008	12919.56	0.234	3864.52	0.070	3553.74	0.064
2015	57385.86	22918.36	0.399	8433.80	0.147	328.48	0.006	440.25	0.008	15702.16	0.274	3864.52	0.067	3553.74	0.062
2016	61202.45	23030.25	0.376	9914.50	0.162	398.37	0.007	502.00	0.008	17769.55	0.290	3503.00	0.057	6110.94	0.100

注：在收集数据信息时，由于 2009 年的数据缺失，暂用 2008 年的数据代替。

第三节 城乡区域人口发展渐变趋势

一、人口规模变化情况

　　人是社会活动的主体，农民是乡村建设发展的主体。乡村人口规模的变化，可以反映不同时期政策背景下乡村发展适应社会需求的主动应变水平和趋势。改革开放至今 40 年，乡村人口规模经历了先缓慢增长、后快速下降的过程。乡村人口规模发展变化具体表现为：从 1978 年的 79014 万人增长到 1995 年的 85947 万人，年均增长 407.8 万人；然后开始快速下降，截至 2017 年，为 57661 万人，年均下降 1285.7 万人（图 2-5）。下降时期的速度远远高于增长时期的速度，大约是 3 倍。从城镇人口规模看，1978 年仅为 17245 万人，2017 年达到了 81347 万人。其中 1978—1995 年间，年均增长 1054.6 万人，1995—2017 年间，年均增长 2098.8 万人。城镇人口增长的规模在相同时期都大于农村人口减少的规模。城镇化率从改革初期的 17.9%，上升到了 2017 年的 58.5%，年均增长超过了 1 个百分点（图 2-6）。截至 2019 年，我国城镇化率达到了 60.6%。改革开放 40 年的发展，城镇人口增长了 64102 万。这一系列数据可以支撑一个观点：随着全面改革的有序推进与深入，大量农村人口涌入了城镇，并在城镇聚集，创造了城镇的繁荣和兴旺；城镇的快速发展和高效率又进一步吸引农村人口流入城镇，乡村人口快速减少，并呈现出结构性短缺。

　　我国人口 14 亿，耕地 18 亿亩，优质耕地占比不到 1/3，人多地少是我国的国情。改革开放前农村人口占比超过了 80%，农村人口大量过剩的现实问题造成了农村农民的大面积贫穷，"贫穷不是社会主义"，这迫使政府寻求改革创新体制机制来化解城乡人口配置不均衡的矛盾。在人口问题上，欧美发达国家的城市人口占比大部分都超过了 70%，这一共性特征的意义在于我国要脱贫致富，进入中等收入水平甚至跻身发达国家行列，可以从人口政策上和体制机制上进行创新设计，探寻破解之道。由于改革开放后的招商引资和户籍制度的松动，东部沿海一带的经济特区建设已经吸纳了一部分农村剩余劳动力，我国廉价的劳动力参与国际化竞争具有比较优势，出口创汇拉动经济快速增长，为国家创造了财富。同时，大量农民工进城务工为推动小城镇建设创造了条件，以至于 1993 年国家出台《关于加强小城镇建设的若干意见》鼓励农民工就地安家落户，充实并壮大小城镇建设与发展主体。农村人口持续向城镇转移、

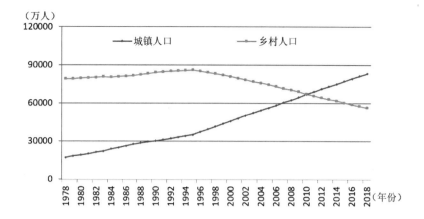

图 2-5 城乡人口发展规模

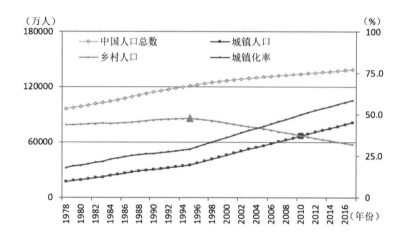

图 2-6 1978—2017 年城乡人口规模变化情况

集聚，创造了经济的连续增长。由于务工工资高于务农收益，城镇社会发展快于农村，农村人口外流加剧，并影响到了农村的稳定与发展。近年来，国家高度重视"三农"工作，坚持"城市支持乡村，工业带动农业"和多予少取的扶农支农政策，帮助农村农业稳步增产、农民稳步增收，农村居民生活水平也在不断提高和改善。

值得注意的是，由于城乡收入差距和公共服务不均等，农村大量青壮年、人力资本禀赋较高的优质劳动力持续流入城镇，以至于部分乡村出现了人口空心化、老弱化、深度贫困化等结构性问题，农村发展主体缺失导致动力不足，持续发展遇到阻碍。第三次农业普查结果显示，在农业经营人员当中，男性占52.5%，35岁以下人员占19.2%，36—54岁人员占47.3%，55岁及以上人员占33.6%[①]。对于城镇来讲，大

[①] 第三次农业普查中，近400万人逐村逐户填报了2.3亿份农户普查表，克服了我国幅员辽阔、地域差异较大的特点，统计结果比较客观。

量农村人口的转移和农民工的流入冲击了本地居民的劳动就业，分享了教育、医疗、社会保障等社会公共服务，造成了交通拥挤和环境污染等社会经济影响。

二、城乡劳动力配置及农村劳动力流动趋势

国家高度重视农村基础设施建设，着重加强农村农业经济发展，加大薄弱环节的投入工作。在稳定现有各项农业投入的基础上，新增财政支出和固定资产投资要切实向农业、农村、农民倾斜，逐步建立稳定的农业投入增长机制[①]。从 2003 年开始到 2017 年共计 15 年的时间里，农林牧渔全社会固定资产投资额呈现出逐年增长的趋势（图 2-7）。2003 年，农林牧渔总投资为 1652.3 亿元，占社会总投资的 2.48%；2017 年，农林牧渔总投资为 20707.9 亿元，占社会总投资的 4.17%。从投资规模上看，2017 年投资较 2003 年增长 12.5 倍，投资比例增长了 1.69%。1981—2016 年长达 36 年的时间里，投资额从 0.096 万亿元增长到了 60.6 万亿元，平均年增长率达 20%。但是，值得注意的是，城镇固定资产投资占比一直居高不下，从 70% 增长到了 98%。特别是 1996 年之后，城镇固定资产投资占比增速较快，足以显现城镇化的政策倾向导致了城市的优先发展和乡村基础设施建设的滞后。

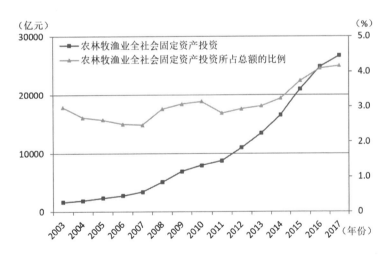

图 2-7 农林牧渔全社会固定资产投资的时序图

---

① 2005 年中央"一号文件"《中共中央国务院关于进一步加强农村工作提高农业综合生产能力若干政策的意见》

劳动力在城乡区域之间的配置受经济理性的支配。人口和资本向城镇聚集，改变了生产要素在城乡之间的配置，以至于农村大量劳动力在经济理性的作用下，涌入城镇第二、三产业就业。通过城乡劳动力规模变迁趋势可以发现：乡村劳动力规模的运行轨迹是先增长、后下降的趋势；城镇劳动力规模的运行轨迹则为不断增长。1978年城乡从业人员规模约为4亿，其中农村从业人员约为3亿，城镇从业人员约为1亿。到1990年，农村劳动力步入快速增长阶段，规模达到了4.8亿，增长幅度近60%。而后的12年保持相对稳定，直到2003年低于1990年的规模后，才开始逐年缓缓下降。相对于农村而言的城镇从业人员规模，则一直处于上升趋势，并在2013年追上了农村从业人员规模（图2-8）。随后，城镇从业人员规模持续增长，农村从业人员规模则不断下降，两种趋势倒挂（图2-9）。此现象表明了亿万劳动力离乡进城、弃农从工的意愿和行动。

三、农村劳动力转移从事非农生产

从农村劳动力转移的视角分析农村劳动力剩余的变化发展趋势，劳动力转移规模的变化可以分为两个阶段：第一个阶段是1978—1996年，劳动力转移数量稳步上升，属于增长的阶段。第二个阶段是1997—2017年，属于上下波动、前后徘徊的阶段。值得注意的是，1996年农村劳动力转移数量达到顶峰后进入拐点，之后连续7年减少，2002年城镇和沿海工业城市出现"民工荒"（可视为"刘易斯拐点"的出现）。2003年，以工业、服务业为主的第二、三产业部门纷纷通过改善农民工工作环境和提高劳动报酬，吸引农村劳动力外出打工，农村劳动力转移的规模开始逐步回升。但是，由于农村劳动力人口老龄化现象的出现和城镇化水平的不断提高，转移规模已无量可增，几近逼于"零"值并随时可能反向延伸。目前，农村劳动力转移规模曲线运行到高位且上下波动，增长的空间变得十分狭窄，随时存在反转步入下降通道的可能。

农村劳动力流入非农产业占比的运行轨迹，可描述为波浪式向上攀升的曲线；而与之对应的，农村劳动力转移规模与城镇就业人员占比的运行轨迹，则表现为开口向下的倒"U"形曲线（图2-10）。将两种运行轨迹联系起来，结合农村劳动力转移规模的变化趋势进行比较，不难发现，拐点不约而同地指向1996年。此时，中国社会历经改革开放十多年，依靠投资拉动和粗放式生产经营等方式在经济上取得显著成绩，国民生产总值增长20余倍，但持续发展却面临着经济增长乏力、产业结构不合

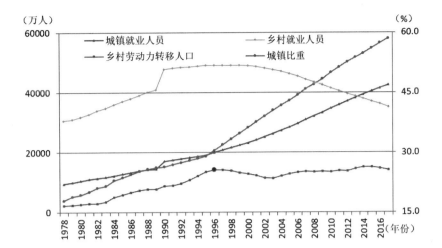

图 2-8 城乡就业人口、劳动力转移及城镇化率

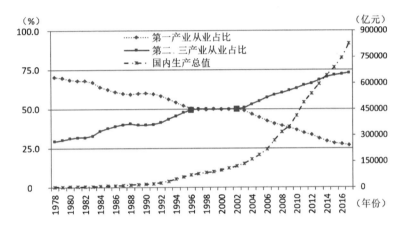

图 2-9 劳动力从业结构和国内生产总值变化

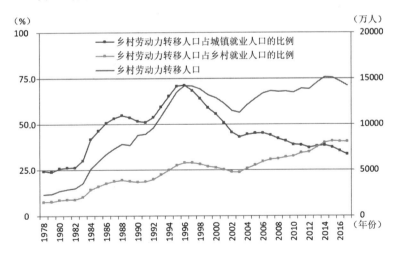

图 2-10 农村劳动力转移人口与城乡就业人口占比、农村劳动力转移人口

理、部分国有企业产品跟不上市场要求、国际竞争力不强、国有企业闲余劳动力面临下岗再就业等困局。国家通过宏观调控，不断优化投资结构、扩大内需和提高出口产品质量等多种方式方法提质增效，缓解世界经济低迷对我国社会和经济的影响。特别是 2000 年实施西部大开发战略，推动区域协调、均衡发展，并在城镇化加速发展的配合下，化解了就业危机，实现了推进中国经济改革、发展与稳定的目标。

无论是城乡人口的变化趋势，还是劳动力流向意愿和动机，都反映了人口结构性问题。一种结构转向另一种结构：改革开放初期，乡村人口过多的城乡人口结构性失调，城镇化吸纳了乡村剩余劳动力，又造成了乡村人口空心化、老龄化的内部结构性失调。一切因人而起，经济理性扮演了主角。加大农村基础设施建设和社会保障服务，提高农村土地吸纳劳动力的能力，不断增加农民收益，才能改变人口单向流动的格局。

第四节　乡村人地关系发生转变

一、城镇化快速发展之前，农村人地关系非常紧张

在以农业为主的年代，土地是农民赖以生存的唯一资本，拥有土地意味着拥有了"摇钱树"。土地可以种植作物，生产小麦、水稻、蔬菜、油料粮食作物和经济作物，既能解决温饱问题，又能创收致富。历经旧社会的农民都深刻地体会到了土地的重要性，土地就是命根子，不可割舍。即使在改革开放前，土地归集体所有，在人民公社等记工形式的集体生活中，人民虽然生活贫困，但相对平衡，人民追求美好生活的向往表现为对拥有土地经营权的渴望。直到安徽凤阳村试点包干到户到组以及成功模式在全国推广，人与土地的双重活力才被激发出来，土地的生产效率逐渐提高，人民生活得到改善。

同时，为了改变贫穷落后的现状，国家推行改革和全面开放，引入外资，兴办乡镇企业，发展第二、三产业。在农村，推行土地改革，实行家庭联产承包责任制和包干到户、到组，农村农民有了土地，生活开始脱贫致富，农民享受到了拥有土地使用权和经营权带来的财富效应。但是中国人多地少，脱贫容易致富难。由于户籍制度造成城乡分割，劳动力无法大规模自由流动，农村家庭承包土地的多少直接决定着收益，土地资源是农民必争的切身利益。大部分农民只能在贫瘠的土地上精耕细作，努力提高劳动收益。

二、农民外出务工获得工资收益，人地关系松动

随着沿海地区乡镇手工业、制造业的崛起，需要大量工人，而此时，广大农村农业生产效率的提高也产生了大量剩余劳动力，在政府的引导下和市场机制的作用下，农民工开始流入工厂，获得务工收入。随着务工收益的稳定增长，超过了土地的收益，以至于部分农村家庭权衡比较利益后，开始倾向于外出务工，而非务农。特别是1980年以后出生的新生代农民工，对于土地的依赖开始减弱、淡化，务工创造的收益高于务农的现实，助推人地关系开始松动。

在城镇化、工业化的快速进程中，大量农村居民转移城镇就业，常年居住在外，没有精力经营农村的土地，陆续出现了赠予或借租土地的现象，后逐步演化为土地流转等合法行为。进入21世纪后，农村集体经营、组织合作化、农业企业承包等多种经营业态开始涌现。家庭承包土地比较分散，无法小规模经营，而且小农经营生产成本较高，收益无法与规模经营相比。农村集体经营、组织合作社、农业企业等能够节约集约土地，开展规模种植，提高效益。土地流转也可以获得适当收益，还有分红。

三、人地关系松散引起的问题

城乡发展需要劳动力资源的流动配置，破除城乡户籍制度成为市场的必然选择。西方经验显示，城镇化是社会发展的必经之路，是吸纳农村剩余劳动力提高农村农业劳动生产率的有效途径。但是，城镇化的快速发展产生了新的问题：农村大量人口向城镇聚集，部分村庄出现"空心化"问题，土地逐渐变得富余，人地关系松散。2012年中央"一号文件"《中共中央、国务院印发〈关于加快推进农业科技创新持续增强农产品供给保障能力的若干意见〉》指出，按照增加总量、扩大范围、完善机制的要求，继续加大农业补贴强度，新增补贴向主产区、种养大户、农民专业合作社倾斜。稳定农村土地承包关系并长久不变，在坚持和完善最严格的耕地保护制度的前提下，赋予农民对承包地占有、使用、收益、流转及承包经营权抵押、担保权能等权利，鼓励承包经营权在公开市场上向专业大户、家庭农场、农民合作社、农业企业流转，发展多种形式的规模经营。

农业专业大户、家庭农场、农民合作社和农业企业属于规模经营生产，具有逐利的特性。因此，在农村集体土地流转中，需要规则约束这些经营主体，对农民在内的弱势

群体进行有效的保护，即通过制定相应的法律法规，规避土地流转。改变土地用途的问题。

　　土地对于 20 世纪 50 年代出生的农民而言，是命根子，是生存之本。他们经历过 1958 年人民公社时期吃大锅饭的幸福生活，1961—1963 年人民无粮食可吃的灾荒生活，1966 年"文化大革命"的动荡生活，1978 年家庭联产承包责任制和土地改革时期的自由生活。小平同志提出十亿人民有田种的改革思想后，农村家庭实现了耕者有其田，自由经营土地解决了农村家庭的温饱问题。但是，1980 年后出生的新生代农民对土地的记忆是模糊的，至少在他们曾经经历的生活中，土地扮演的角色微不足道。反而，如今被土地牵绊的家庭，还没有普遍从事非农产业的家庭经济条件好。改革开放后的 1984 年，户籍政策开始松动，农村剩余劳动力涌向城镇就业，获得工资收入。他们劳苦奔波，节俭节约，在"干中学"的引导下获得可观收益，反哺农村经济发展。农村社会与经济发展由此而发生了翻天覆地的变化。

　　党的十一届三中全会后，联产承包责任制土地政策让中国农村走出了贫困，农民生活逐渐向好，社会和谐稳定，经济日趋富裕。然而，在市场经济体制的不断刺激下，全社会各阶层过度重视效益而致使资源偏热城镇，引起城乡发展失衡。农村青年劳动力在追求利益最大化的理性选择下，不断流向城镇务工，而年迈的老人和年幼的小孩留守农村。老人们(年龄在 55 周岁及以上)负责种植承包的土地，并照顾小孩们的生活。由于育龄妇女几乎都在外打工赚钱，大部分都不愿意生育或者延后生育，村委会 7 个自然村近几年每年新生婴儿约 7 ~ 8 个，而 30 年前的 1986 ~ 1988 年 SH 村委会每年新生婴儿数约 80 个。由于学龄儿童减少，乡镇各村小学因招生规模不足，采取合并政策，集中到各区，形成中心小学校。中心小学距离村子约 3km，老人接送小孩上学和放学每天需要花费两个小时，严重影响了家庭正常的农业生产和非农务工。而经济条件较好的年轻父母，则更愿意在县城买商住楼，定居城镇，方便孩子读书。

　　在 SH 村有这样一个家庭，户主邱某某，男，1963 年生，高中文化，毕业后拜师学木匠，农忙时帮母亲种地。1983 年 20 岁的时候，为了改变家庭经济面貌，办养鸡场和养猪场，但因场地所限、投资回报率低等原因未能坚持创业。1988 年，随姐夫到县城做服装生意，因为是小买卖，所以挣钱不多，只能租住在一间小房子里。1990 年后，转行从事木料买卖生意，经济开始转好。1993 年，将 6 岁的女儿和 4 岁的儿子从农村老家接到身边，就读县城最好的实验小学，一家人租在一间较大的房子里。1997 年，在城里买地自建小楼房，并将乡下的老母亲接到城里一起生活，2003 年，购置第二栋商品房。2005 年，女儿就读华中科技大学，毕业后在上海一家设计公司从事景观设计；2006 年，儿子也就读于重庆的高校，毕业后从事路桥建设和房屋建设管理。如今老两口继续做些木料生意，由于年轻时过于劳累，留下腰痛顽疾，搬运木料等重体力活无法继续，开始盘算着将自己的一楼、二楼出租，加上过两年拿到养老保险，生活无忧了。邱某某完成了一家人从农村流迁到城市的重要使命，农村人成为城市人，有着何等的艰辛和苦楚。在 SH 村像邱某某这样从农村走出来的并不多见，和读书一样，需要知识和才智。

农村人均收入低和农村计划生育政策控制了人口快速增长，当农村劳动力无法满足城市化和工业化的需求时，急需用人的企业或单位通过提高劳动力工资单价，吸引农村劳动力，此时，刘易斯二元经济理论下的人口拐点出现（蔡昉，2010）。尽管2006 年后，国家提出"三农"新政，全国取消农业税，提出建设社会主义新农村方略，积极发展现代农业，加强农业基础设施建设，促进农民持续增收，增强农村发展活动等国家战略，但以传统农业为主的农村劳动力外流的趋势并没有丝毫减弱，农村经济发展陷入困境。城镇因人来而快速兴旺，农村因人去而渐渐衰落。由于社会急剧变化和经济快速发展，现代化都市的繁荣与昌盛、便利与快捷吸引着年轻人留在城市。能否留得下来还是一个未知数，但农村的落后与衰退，越来越留不住年轻人了，而这种趋势几乎一直伴随着城镇化进程。

第五节　基于双重差分模型评估乡村再造国家战略效果

一直以来，党和政府高度重视乡村建设工作，特别是改革开放以来，从政策倾斜、资金配置、组织保障等多方面给予扶持，乡村建设与发展取得了一系列的成效。诸如农村通电、通水和"村村通"交通基础设施建设的逐步实现，农村义务教育、医疗和养老保险等公共服务均等化不断落地实施，农村居民可支配收入不断增长、生活水平不断提高，贫困村逐一脱贫致富，全面走向小康社会。

回顾改革开放以来国家扶持农村发展脱贫致富战略，可归纳为五个阶段：1978—1985 年，体制改革阶段；1986—1993 年，扶贫开发阶段；1994—2000 年，扶贫攻坚阶段；2001—2010 年，建设小康社会阶段；2011—2020 年，全面建成小康社会阶段。各阶段针对不同时期发展的问题，着重点略有侧重，但总体目标是加快贫困地区脱贫致富进程，不断提高贫困地区人口生活质量和综合素质，加强贫困乡村的基础施设建设，改善生态环境，逐步改变贫困地区经济、社会、文化落后的状态，为达到小康水平创造基础和条件。

进入新世纪后，随着城镇化、工业化快速发展，大量农村劳动力在城乡之间的自由流动、转移和配置推动了城镇的迅猛发展和乡村经济的逐步增长。但城乡之间发展不平衡、不充分阻碍了城乡一体化、城乡融合发展，乡村居民增收依然缓慢，国家帮扶乡村建设发展的政策选择推动了乡村经济的增长，但能否帮助乡村实现健康可持续发展还需对其进行评估考察，探寻乡村发展的有效途径和道路选择。

一、双重差分模型介绍

在所有评估政策或措施效果的重要工具、方法中，双重差分模型是比较经典和常用的方法，一般情况下适应于面板数据（周黎安、陈烨，2005）[①]。双重差分法（DID）又叫"倍差法"，是评估政策实施效果的重要工具之一。双重差分模型的基本思想是通过对政策实施前后对照组和实验组之间的差异的比较，构造出反映政策效果的双重差分统计量，此思想和内容转换为模型(2-1)就是交互项系数 β_1。基础的DID模型为：

$$Y_{it} = \beta_t + \beta_1 G_i \cdot D_t + \beta_2 X_{it} + \gamma_i + \lambda_t + u_{it} \tag{2-1}$$

其中，Y_{it} 为被解释变量；G_i 表示实验组虚拟变量，若个体 i 为实验组，则 $G_i=1$，否则 $G_i=0$；D_t 表示实验期虚拟变量，若在实验期，则 $D_t=1$，否则 $D_t=0$；$G_i \cdot D_t$ 表示是否在实验组，是否在政策实验期；X_{it} 表示其他影响因素；γ_i 表示个体固定效应；λ_t 为时间固定效应；u_{it} 表示残差。

二、实验组及时间的确定

改革开放以来，我国加强乡村建设即为解决城乡发展过程中的农村、农业和农民即"三农"问题，其中，帮助农村农民提高收入、增收致富是乡村建设的核心，特别是帮助贫困落后区域脱贫致富。习总书记强调消除贫困、改善民生、逐步实现共同富裕，是社会主义的本质要求。为了消除贫困，国家在 1985 年、1994 年和 2001 年分别确定了重点扶贫开发县，通过开发开放的方式推动扶贫工作。这是有针对性的社会实验，因此，在实验组的选择上，按照各省贫困县数量占比达到或超过县区总数 10% 的原则，选定为实验组，其他省份为对照组。经统计梳理，选定河北、山西、内蒙古、安徽、江西、河南、湖北、广西、四川、重庆、贵州、云南、陕西、甘肃、青海、宁夏、新

[①] 周黎安，陈烨 . 中国农村税费改革的政策效果 : 基于双重差分模型的估计 [J]. 经济研究 ,2005(08):44-53.

疆共 17 个省（自治区、直辖市）为实验组 [①]，其他省份为控制组（表 2-5）。

进入 21 世纪以来，国家意识到当前农业和农村发展仍然处在艰难的爬坡阶段，农业基础设施脆弱、农村社会事业发展滞后、城乡居民收入差距扩大的矛盾依然突出，解决好"三农"问题仍然是工业化、城镇化进程中重大而艰巨的历史任务。2005 年 10 月 8 日至 11 日，党的十六届五中全会在北京召开，会议通过的《中共中央关于制定国民经济和社会发展第十一个五年规划的建议》明确了今后 5 年我国经济社会发展的奋斗目标和行动纲领，提出了建设社会主义新农村的重大历史任务，为做好当前和今后一个时期的"三农"工作指明了方向 [②]。2006 年重提新农村建设以来，中央提出"生产发展、生活宽裕、乡风文明、村容整洁、管理民主"五个要求，明确了五大任务：一是要使农村的生产力水平有较大提高，包括农业；二是要使农民的生活有较大改善；三是要使农村基础设施切实得到加强；四是要使农村的教育、卫生和社会事业切实得到发展；五是要使农村的基层民主、政治建设继续向前推进 [③]。因此，以 2006 年作为扶农支农惠农的自然实验起始点，评估乡村建设的国家战略效果。

全国各省行政区县数量和国家重点扶贫开发县分布一览表　　　表 2-5

序号	省（直辖市、自治区）	地级市	盟（州、地区）	市辖区	县级市	县	自治县	旗（林区、特区）	自治旗	行政区县总数	各省贫困县个数（1985年）	各省内贫困县比重	各省贫困县个数（1994年）	各省内贫困县比重	各省贫困县个数（2001年）	各省贫困县个数（2012年）
1	北京			16		2				18	0	0.00		0.00		
2	天津			15		3				18	0	0.00		0.00		
3	河北	11		36	22	108	6			172	39	0.23	39	0.23	35	39
4	山西	11		23	11	85				119	35	0.29	35	0.29	35	35
5	内蒙古	9	3	21	11	17		49	3	101	31	0.31	31	0.31	31	31
6	辽宁	14		56	17	19	8			100	17	0.17	9	0.09	9	
7	吉林	8		20	20	17	3			60	8	0.13	5	0.08	5	8
8	黑龙江	12	1	65	19	45	1			130	14	0.11	11	0.08	11	14
9	上海	18				1				1	0	0.00		0.00		
10	江苏	13		54	27	25				106	6	0.06		0.00		
11	浙江	11		32	22	35	1			90	8	0.09	3	0.03	3	
12	安徽	17		44	5	56				105	19	0.18	17	0.16	17	19
13	福建	9		26	14	45				85	6	0.07	8	0.09	8	

[①] 实验组省（自治区）为：河北、山西、内蒙古、安徽、江西、河南、湖北、广西、四川、贵州、云南、陕西、甘肃、青海、宁夏、新疆；控制组省（直辖市、自治区）为：北京、天津、辽宁、吉林、黑龙江、上海、江苏、浙江、福建、山东、广东、湖南、海南、西藏。

[②] 2006 年中央"一号文件"

[③] 陈锡文 . 重提"新农村建设" [J]. 中国改革 ,2006(02):14-17.

序号	省（直辖市、自治区）	地级市	盟（州、地区）	市辖区	县级市	县	自治县	旗（林区、特区）	自治旗	行政区县总数	各省贫困县个数（1985年）	各省内贫困县比重	各省贫困县个数（1994年）	各省内贫困县比重	各省贫困县个数（2001年）	各省贫困县个数（2012年）
14	江西	11		19	10	70				99	21	0.21	18	0.18	18	21
15	山东	17		49	31	60				140	30	0.21	10	0.07	10	
16	河南	17		50	21	88				159	31	0.19	28	0.18	28	31
17	湖北	12	1	38	24	37	2	1		102	25	0.25	25	0.25	25	25
18	湖南	13	1	34	16	65	7			122	20	0.16	10	0.08	10	20
19	广东	21		23	41	3				67		0.00	3	0.04	3	
20	广西	14		34	7	56	12			109	28	0.26	28	0.26	28	28
21	海南	2		4	4	4	6			20	5	0.25	5	0.25	5	5
22	重庆			15	4	17	4			40	14	0.35		0.00		14
23	四川	18	3	34	14	120	4			172	36	0.21	43	0.25	43	36
24	贵州	4	2	10	9	56	11	2		88	50	0.57	48	0.55	48	50
25	云南	8	8	12	9	79	29			129	73	0.57	73	0.57	73	73
26	西藏	1	6	1	1	71				73	27	0.37	5	0.07	5	
27	陕西	10		24	3	80				107	50	0.47	50	0.47	50	50
28	甘肃	12	2	17	4	58	7			86	43	0.50	41	0.48	41	43
29	青海	1	1+6	4	2	30	7			43	15	0.35	14	0.33	14	15
30	宁夏	5		8	2	11				21	8	0.38	8	0.38	8	8
31	新疆	2	7+5	11	20	62	6			99	27	0.27	25	0.25	25	27
合计（个）		301		795	392	1425	114	52	3	2781	686		592		588	592

注：数据来源于国家统计局网站，查询时间为 2018 年 10 月 16 日。

三、主要变量选取和数据来源说明

（一）被解释变量

农民收入：用农村居民人均可支配收入的对数来反映农村农民的收入变化情况。

（二）解释变量

城镇化率：用城镇常住人口与乡村常住人口的比值来刻画城镇化水平，即 $p\_ur=pop\_u/(pop\_u+pop\_r)$。城镇化水平反映了社会人口中长期居住在城镇的比例。一般而言，城镇化水平越高，说明全社会劳动者从事第二产业和第三产业就业的比例也越高，社会工业化程度越高，该变量大小能够反映社会结构和城镇发展水平。

城乡收入差距：用城镇居民可支配收入与农村人均可支配收入（或纯收入）的比值来表示城乡收入差距，即 d_ur=inc_u/inc_r。考虑到区域间差异较大，用两者之差无法真实地反映出城乡收入差距的变化趋势，而选用比值作为城乡收入差距变量，能够较好地刻画不同区域相对差距的程度。

农村人均播种面积：选用播种面积与农村人口数量之比表示。一般来讲，农村家庭人均耕地面积越大的区域，农民家庭的收入越高。但在城镇化和工业化快速发展的背景下，务工成了农村家庭的重要来源，农民依靠农业种植获得经济收入的绝对地位正在动摇。

（三）控制变量

控制变量主要选用地区生产总值、农业机械总动能、农村用电量、农业化肥用量。一般来讲，经济发展水平较高的区域，具有较强的吸引力，反之亦然。农业机械总动能、农村用电量和农业化肥施用量反映了农业现代化的基础和水平。

（四）数据来源

本文所用基础数据主要来自各省 1985—2016 年统计年鉴，不足的部分数据由统计公报补充，部分变量通过概念计算生成。

在上述模型（2-1）中，Y_{it} 选用农村居民人均可支配收入指标来刻画乡村建设的政策效果；G_i 表示实验组虚拟变量，若个体 i 为实验组，则 $G_i=1$，否则 $G_i=0$；D_t 表示实验期虚拟变量，若在实验期，则 $D_t=1$，否则 $D_t=0$；$G_i \cdot D_t$ 表示是否在实验组，是否在政策实验期；X_{it} 表示影响农民收入的主要因素集合，比如播种面积、人口规模（比例）、人力资本、农业现代化水平、城乡收入差距、城镇化水平等因素。

主要变量的统计描述及说明　　　　　　　　　　　　　　表 2-6

变量（Variable）		类型（Type）	平均值（Mean）	标准差（Std. Dev）	最小值（Min）	最大值（Max）	观测数据（Observations）
lninc_pr	农村居民人均可支配收入的对数（元）	整体	7.73	1.069	5.55	10.15	$N=928$
		组间		0.36	7.25	8.60	$n=29$
		组内		1.01	5.73	9.54	$T=32$
did	双重差分虚拟变量	整体	0.18	0.38	0	1	$N=928$
		组间		0.17	0	0.34	$n=29$
		组内		0.34	−0.17	0.83	$T=32$
year	年份	整体	2000.5	9.24	1985	2016	$N=928$
		组间		0	2000.5	2000.5	$n=29$
		组内		9.24	1985	2016	$T=32$

变量（Variable）		类型（Type)	平均值（Mean)	标准差(Std. Dev)	最小值（Min)	最大值(Max)	观测数据（Observations）
areapp	农村人均播种面积	整体	0.3	0.29	0.51	1.96	$N=928$
		组间		0.29	0.12	1.43	$n=29$
		组内		0.07	−0.12	0.83	$T=32$
p_ur	城镇化率	整体	0.41	0.18	0.1	0.9	$N=928$
		组间		0.14	0.19	0.78	$n=29$
		组内		0.11	0.12	0.69	$T=32$
d_ur	城乡收入差距	整体	2.66	0.7	1.17	5.63	$N=928$
		组间		0.55	1.84	3.8	$n=29$
		组内		0.44	0.74	4.49	$T=32$
trans_r	农村人口转移率	整体	0.28	0.21	−0.329	0.9	$N=928$
		组间		0.18	−0.1	0.71	$n=29$
		组内		0.11	0.01	0.5	$T=32$
power_fp	农村人均能源消耗量	整体	0.87	0.66	0.02	3.82	$N=928$
		组间		0.35	0.27	1.5	$n=29$
		组内		0.57	−0.23	3.43	$T=32$
ele_rp	农村人均电力使用量	整体	0.07	0.25	0	3.53	$N=928$
		组间		0.13	0	0.69	$n=29$
		组内		0.21	−0.57	2.92	$T=32$
chemicfp	农村人均化肥使用量	整体	0.07	0.05	0	0.48	$N=928$
		组间		0.03	0.01	0.17	$n=29$
		组内		0.04	−0.03	0.4	$T=32$

通过对观测变量进行统计描述，不难发现，实证数据来自 29 省（直辖市、自治区），时间跨度 32 年，横截面数据 928 条，是一个典型的平衡面板数据。如表 2-6 所示，由于行政分割造成四川和重庆的统计数据在部分年份缺失或不一致，为了保持各省（直辖市、自治区）数据的完整性和估计的准确性，在使用计量软件的过程中，删掉了这两个省市。为了控制住时间趋势的影响，在处理时间变量的过程中，采用统一减去 1985 缩小数值的方式进行处理，以便于观察其效果。

四、时间趋势分析

在面板数据中，由于被解释变量往往具有时间趋势，会导致变量之间虚假相关，引起估计结果有偏。因此，在回归之前，有必要对被解释变量的时间趋势进行分析，以确保在模型建立的过程中，控制住时间趋势。为了检验被解释变量与时间之间是否存在虚假相关，确保模型估计的一致性，对主要被解释变量作时间趋势图（图 2-11）。

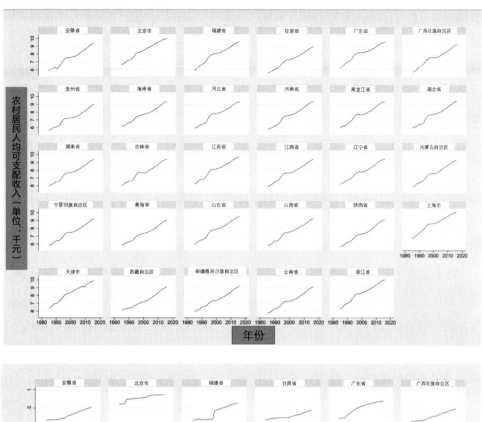

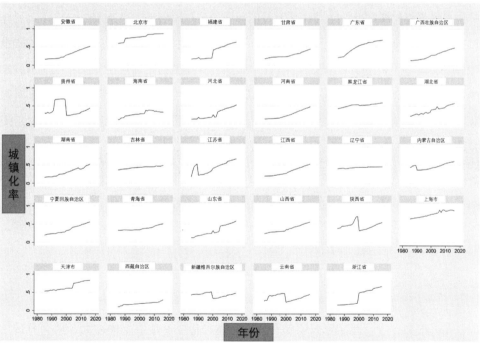

图2-11 29省（市、区）农村居民人均可支配收入和城镇化率的
　　　时间趋势图

观察各省(市、区)农村居民人均可支配收入随时间变化的趋势不难发现,所有省(市、区)都具有时间趋势。因此,我们在进行计量回归时,必须要控制住时间趋势的效应,才能得到估计的无偏性和一致性。

五、实证结果及分析

(一)OLS 估计政策效果

如表 2-7 所示,通过随机效应和固定效应对比,在控制住时间趋势和其他变量影响的情况下,双重差分估计的国家政策效果同时指向为负,且在 1% 水平上显著。

首先,在不考虑时间趋势的情况下,采用 OLS 作基准回归,结果显示:无论是实验组还是对照组,政策实施后相对政策实施前,都具有显著的正效应,估计值为 1.68;但在同一时点,实验组相对于对照组的效应确是显著为负的(模型 1 和模型 4)。此结果表明,新农村建设的国家战略具有显著的正向增长效应,但地区差异十分显著,并受其他变量的影响。

由于两组变量都具有时间增长趋势,所以在控制住时间趋势后,双重差分的政策效果变得显著(模型 2 和模型 5),其中模型 2 采用的随机效应回归,结果显示国家支农扶农政策对当地农民可支配收入的提升效果为 –0.045,表明实验组相对于对照组而言,政策实施前后的效果要低 4.5%。而模型 5 采用固定效应回归,结果显示国家支农扶农政策对提升当地农民可支配收入的效果为 0.04。

接着继续增加影响农村居民人均收入的变量,结果发现,DID 的政策效果在统计意义上依然是显著为负的。其中采用随机效应回归的结果为 –0.064(模型 3),固定效应回归的结果为 –0.06(模型 6)。由于实验组和对照组内部之间存在个体差异,随机效应略高估了政策效果。

(二)其他变量的影响

在面板数据中,固定效应能够很好地控制住分组造成的个体差异,得到一致性无偏估计。因此,分析其他控制变量与被解释变量的相关性时,选用固定效应模型 6。

城镇化率越高的地区,农村人均可支配收入水平越高。在检验城镇化水平对农村居民可支配收入水平的影响时，回归结果显示，城镇化率与农村人均可支配收入为正相关，且在 1% 水平上显著。由此可以说明，就区域发展而言，加快新型城镇化建设，既可以推动城镇经济的快速发展，也可以提高农村居民人均可支配收入，达到城乡协同发展的效果，这也符合城镇发展水平较高的区域，乡村经济也十分发达，农村居民生活水平和质量也相对较高的规律。目前，大部分发展中国家几乎都是通过城镇化、工业化的道路，以城带乡、以工促农的途径来解决农村居民增收致富问题的。

城乡收入差距越小，农村居民人均可支配收入越高。当检验城乡收入差距这一变量时，回归结果显示：其与农村居民人均可支配收入水平之间呈现显著负相关关系。城乡收入差距越小的区域，农村居民人均可支配收入水平越高。这表明城乡统筹与协同发展，是提高农村居民生活水平的有效途径。解决农村农民收入问题，既要着眼于城镇化、工业化的快速发展，也要加快农村机制体制改革，以发展的方式来解决目前农村存在的现实问题。

农村农业播种面积对农民收入的影响为正，但统计上并不显著。在观测农村农民人均播种面积与可支配收入之间的关系时发现，两者之间并没有表现出明显的正相关关系。一般而言，在以农业为主的社会，农村农民承包的耕地面积越大，其家庭可支配收入水平越高。然而，实证结果并不符合预期，这可能是因为改革开放后，农村劳动力可以在城乡部门之间流动，既可以在家乡务农获得种植收益，也可进城务工获得务工工资，劳动分工实现了农村家庭经济收入的最大化。

农村劳动力选择非农产业的比例对农村居民人均可支配收入的影响为正，但不显著。在改革开放初期，由于中国农村居民普遍贫困，家庭联产承包政策创造性地释放了农民劳动的积极性，劳动生产效率出现较大幅度的增长。但是由于人多地少的现实，终究只能依靠城镇化和工业化吸纳农村过剩的人口，随着优质劳动力大规模转移至城镇，留守农村的劳动力选择外出务工呈现效益递减趋势，这也是近年来农村劳动力转移速度快速下降的原因，学界纷纷讨论"刘易斯拐点"是否已经到来。

农业现代化水平显著影响农村居民人均收入。为了刻画农村现代化水平对农村居民人均收入的影响，本文选择了农村人均农业机械总动能、农村人均用电量和人均化肥施用量三个变量进行回归，统计意义上三者都十分显著。其中化肥施用量越大，农民收入越高，说明农业科技推动了农村农民增收致富。

变量	1 收入 （lninc_pr）	2 收入 （lninc_pr）	3 收入 （lninc_pr）	4 收入 （lninc_pr）	5 收入 （lninc_pr）	6 收入 （lninc_pr）
did	0.025	−0.045*	−0.064**	0.025	−0.040**	−0.060***
	(0.025)	(0.024)	(0.030)	(0.086)	(0.018)	(0.017)
year1		0.109***	0.112***		0.109***	0.115***
		(0.001)	(0.003)		(0.001)	(0.001)
p_ur			0.233			0.156**
			(0.157)			(0.065)
d_ur			−0.200***			−0.164***
			(0.027)			(0.013)
areapp			0.156**			0.135
			(0.077)			(0.090)
trans_r			0.413***			0.018
			(0.137)			(0.076)
power_fp			−0.076**			−0.070***
			(0.037)			(0.017)
ele_rp			−0.047***			−0.074***
			(0.017)			(0.023)
chemicfp			0.396			0.520***
			(0.375)			(0.153)
group	−0.495***					
	(0.097)					
time	1.681***			1.681***		
	(0.019)			(0.062)		
Constant	7.408***	6.048***	6.325***	7.151***	6.049***	6.318***
	(0.090)	(0.064)	(0.082)	(0.025)	(0.010)	(0.040)
Observations	928	928	928	928	928	928
R-squared				0.635	0.979	0.983
Number of pro_1	29	29	29	29	29	29

注：括号内为标准误差，*** 表示 $p<0.01$，** 表示 $p<0.05$，* 表示 $p<0.1$

六、评估结果的一致性分析

由于乡村再造的政策效果具有时效性，且与乡村内外经济和社会环境关联，为了检验乡村再造政策效果评价的一致性，分别选用《国家八七扶贫攻坚计划（1994—2000 年）》和《中国农村扶贫开发纲要（2001—2010 年）》实施的元年作为实验实施的起始时间[①]，进行双重差分估计，其中 DID1 的实验时间起始点是 2001 年，DID2 的实验时间起始点是 1994 年。回归结果如表 2-8 所示，模型 9 的估计值反映出实验组在《中国农村扶贫开发纲要（2001—2010 年）》实施期间的效果显著为负，

[①] 《国家八七扶贫攻坚计划》指出，力争在 20 世纪内最后 7 年，集中力量，基本解决当前全国农村 8000 万贫困人口的温饱问题。1986 年，中国已在全国范围内开展了有计划、有组织、大规模的扶贫开发。到 1992 年底，全国农村没有解决温饱问题的贫困人口，由 1978 年的 2.5 亿人减少到 8000 万人。为了进一步解决农村贫困问题，缩小地区差距，1994 年，国务院决定从当年起实施《国家八七扶贫攻坚计划》，这个计划是 20 世纪的最后 7 年全国扶贫开发工作的纲领，也是国民经济和社会发展计划的重要组成部分。

这与 DID 的估计结果是一致的。模型 12 的估计值反映出实验组在《国家八七扶贫攻坚计划（1994—2000 年）》实施期间的效果显著为正，这与 DID 的估计结果是背离的。但是，模型 12 中城镇化率对农民收入影响的估计值为 0.303，且在 1% 水平上显著，比模型 6 中的 0.178 要高，这里暗含着城镇化率所处的阶段对农民收入增长的贡献具有差异性，并对乡村再造的效果产生了可能的影响。

根据本章第一节有关城市化进程的描述，1992—2000 年是中国城市化全面推进阶段，以城市建设、小城镇发展和普遍建立经济开发区为主要动力。所以 2000 年以前，全国城镇化水平普遍较低，以扶贫开发为首要目标的乡村再造政策有利于提高贫困地区农村居民收入水平，达到扶贫的目标。2000 年以后，工业化快速发展吸引劳动力和资本集聚城镇，产生规模效益，推动了城镇经济的高速增长，这是市场自由配置资源的力量。然而，农村因资金、劳动力、资源环境等多方面约束而发展缓慢，以扶贫开发为目的的乡村再造，可能无法实现带领乡村居民奔向小康社会的愿望，须另辟蹊径。

国家政策评估（被解释变量是农村居民人均可支配收入的对数）　　　　表 2-8

变量	7 收入 （lninc_pr）	8 收入 （lninc_pr）	9 收入 （lninc_pr）	10 收入 （lninc_pr）	11 收入 （lninc_pr）	12 收入 （lninc_pr）
did1	−0.007 (0.078)	−0.138*** (0.017)	−0.113*** (0.016)			
did2				0.837*** (0.061)	0.123*** (0.018)	0.182*** (0.017)
year1		0.112*** (0.001)	0.116*** (0.001)		0.106*** (0.001)	0.110*** (0.001)
p_ur			0.077 (0.065)			0.303*** (0.062)
d_ur			−0.147*** (0.013)			−0.188*** (0.012)
areapp			0.108 (0.088)			0.109 (0.084)
trans_r			0.034 (0.074)			0.028 (0.071)
power_fp			−0.064*** (0.017)			−0.072*** (0.016)
ele_rp			−0.086*** (0.023)			−0.030 (0.022)
chemicfp			0.548*** (0.150)			0.246* (0.146)
time1	1.655*** (0.056)			1.408*** (0.040)		
Constant	6.908*** (0.028)	6.039*** (0.009)	6.299*** (0.039)	6.718*** (0.029)	6.047*** (0.009)	6.348*** (0.037)
Observations	928	928	928	928	928	928
R-squared	0.668	0.981	0.984	0.725	0.980	0.985
Number of pro_1	29	29	29	29	29	29

注：括号内为标准误差，*** 表示 $p<0.01$，** 表示 $p<0.05$，* 表示 $p<0.1$

综上，通过双重差分评估国家扶贫政策对贫困地区农村居民增收的作用效果，结果发现，1994 年国家扶贫攻坚阶段的效果是显著为正的，而 2000 年扶贫奔小康阶段的效果则是显著为负的，2006 年新农村建设阶段对贫困区域农村居民增收的效果也是显著为负的。由此说明，对于贫困区域的农村，扶贫开发具有短期效应，并没有长期效应。贫困地区农村经济发展既需要政策扶持，更需要挖掘内生动力，才能可持续发展。

第六节　小结

"三农"问题是全党各项工作的重中之重，改革开放以来，国家一系列惠农支农偏农政策助推了农业、农民和农村的快速发展。发展的主要特征表现为：农业生产总值稳步提高，粮食增产增收；农民增收致富，可支配收入水平显著提高；农村家庭收入结构不断优化，由以农业收入为主向工农兼收转变；农村劳动力人口不断向城镇流动、转移，农民的非农就业倾向致使城镇人口快速增加，农村人口则逐渐减少，资源要素在城乡间配置失衡；原本紧张的人地关系，随着非农收入的不断增长，渐渐变得松散，但土地依然是农民重要的资本。国家紧紧围绕夯实农业基础设施建设，推进城镇化、工业化和农业现代化同步发展，通过加强科技保发展、加强生产保供给、加强民生保稳定，确保了农村剩余劳动力向城镇转移，农村剩余劳动力"市民化"进程平稳有序，城镇规模不断壮大的同时，农村经济也逐渐繁荣。

然而，城镇化、工业化快速发展引起劳动力、土地等生产要素向非农迅速转移，城市因人来而兴旺与乡村因人去而楼空形成鲜明对比。党中央国务院高度重视农业、农村和农民发展，把"三农"问题作为各项工作的第一要务，出台扶贫政策，积聚各方力量帮助农民增收致富，特别是实施"精准扶贫"策略以来，很多深度贫困区域逐一脱贫。由于自然资源禀赋、基础设施条件和历史文化等多种因素的影响，国家政策帮扶推进农村农民增收致富的效果，从长期来看并不显著，而且农村发展极易形成路径依赖。推动乡村建设与发展，实现乡村振兴，需要不断总结扶贫开发的经验，挖掘农村经济与社会发展的内生动力，比如提高城镇化水平，充分发挥禀赋优势，因地制宜，发展特色产业，加大农村人力资本投入，提高基础设施水平，多方位、全过程、一体化的良性互动、循环，方能实现乡村再造，推动乡村经济繁荣与社会和谐稳定。

第三章

乡村发展的
基础条件
和内在逻辑

随着城镇化、工业化的快速发展与不断深化，农村发展受到城镇和区域经济发展的影响，人口流动和经济增长促使乡村地域产业发展模式、就业方式、消费结构、城乡关系、工农关系等发生显著转变（刘彦随，2007）[1]。长期以来城乡二元体制下城市偏向的发展战略、市民偏向的分配制度、重工业偏向的产业结构（赵海林，2010）[2]，进一步加深了中国城乡分割、土地分治、人地分离的"三分"矛盾，制约了当代中国经济发展方式的转变、城乡发展转型、体制机制转换的"三转"进城，并成为当前中国"城进村衰"、农村空心化和日趋严峻的"乡村病"问题的根源所在（刘彦随等，2016）[3]。农业生产要素组织和发展的地域空间发生转变，农村大量人口离乡进城，耕地非农化、村庄空心化问题日益突出。城镇化、工业化、农业现代化、信息化建设等共同推进，在政府引导和市场机制的双重驱动下，农村劳动力分工分业在逐渐形成，一部分人脱离耕地经营，转向城镇务工或二、三产业务工，寻求增收致富的就业途径，另一部分人在农村精耕细作，享受田园牧歌式生活。在影响乡村社会与经济发展的众多核心要素中，人和土地依然是最为关键的要素。

第一节 农村土地承包关系稳定，支撑了农村农业持续发展

改革开放以来，农村土地改革推行家庭联产承包责任制，实现了"耕者有其田"，并将农村农民稳定在承包的土地上。随着城镇化、工业化进程快速推进，特别是进入21世纪，农村农民可以自由进入城镇务工，获得务工收益，彻底打破了农村家庭只能单独依靠土地经营收入的传统模式，农村农民生活对土地的高度依赖随着城镇化水平的不断提高而开始逐步松动。尽管农村和农民发生了很大变化，但是土地对于农民来说，依然是第一重要的。土地是农民的命根子，首先是农民的食物之源，其次是农民的财富之源，第三还是农民的保障基础。稳定了土地联产承包的经营制度，也就稳定了农民，稳定了中国社会的基础。

① 刘彦随. 中国东部沿海地区乡村转型发展与新农村建设 [J]. 地理学报,2007(06):563–570.
② 赵海林. 统筹城乡发展必须转变城市偏向发展战略 [J]. 中国乡村发现,2010(02):24–27.
③ 刘彦随，周扬，刘继来. 中国农村贫困化地域分异特征及其精准扶贫策略 [J]. 中国科学院院刊,2016,31(03):269–278.

一、农业播种面积稳定和粮食产量不断增加，是中国粮食安全的基础

农村农业担负着全国人民的粮食生产任务，人口总量的快速增长需要农业粮食产量稳步增长。历经改革开放40年，乡村人口从1978年的7.9亿人下降到了5.7亿人，但全国总人口却从9.6亿增长到了14亿。大量的人口集聚在城镇工作和生活，需要农业提供粮食保障，而且居民生活水平的提高又对粮食供给有了新的更高的需求，因此，确保农业生产和粮食安全是社会发展的重要基础。土地改革后，粮食生产总量的总体趋势是增长的，从1978年的30476.5万吨，增长到了2017年的66160.7万吨。粮食播种面积从1978年的120587千公顷调整到了2017年的117989千公顷[①]，中间略有波动，但总体上比较稳定。

在保障农村农业生产稳定的众多因素中，主要有以下几个方面：一是以家庭联产承包为主的农业经营体制，15年、20年、30年甚至长久不变的国家政策，给农民吃下了定心丸，释放了农民劳动生产的积极性，农民通过加大农业投入和精耕细作不断提高粮食生产产量和农业生产总值。二是农村农业剩余劳动力向城镇工业转移，大部分人多地少的农村家庭劳均耕地面积变相增加，劳动生产率得到了有效提高，渐渐高涨的务农收入激励着传统农民从事农业生产的积极性。三是科技兴农引导农民科学种地，因地制宜开展育种、播种、培植、收割以及田间管理，不断提高农业劳动生产效率，实现农业耕地面积的稳定和农业生产产量的稳定上升。

由于传统农民经历过土地政策的多变以及中国式家庭教育中未雨绸缪的思想，绝大多数农民内心都建立了土地是命根子的观点。尽管多年来农业生产劳动率一直低于外出务工生产效率，但农民依然不会轻易放弃农村土地经营权。

中华人民共和国成立前，地主阶级和强权势力占有大量土地，大部分农民主要依靠出工劳作获得粮食，维持生计，很少有自己经营的土地，生活比较困苦。中华人民共和国成立后，农村实行了土地改革，"打土豪，分田地"，大部分农民以村集体为单位获得了土地。但由于国家发展只能依靠农业支持，全国推行人民公社制度，以农业剩余支持工业原始积累，而且改革开放以前的集体主义滋生了农民的怠工情绪，好年头村民们只能勉强自给自足，收成不好的时候连温饱都成问题，全国人民处于积贫积弱的阶段。改革开放后的1983年初，全国推行家庭联产承包责任制后，土地由农

[①] 参见第一章表2-3。

民自主经营，按期依照土地承包面积缴纳公粮或赋税。包产到户、包干到户的土地改革取缔了集体吃大锅饭的人民公社，从而调动了村民从事农业生产的积极性，粮食生产出现稳步增长，此项土地政策帮助村民逐渐解决了温饱问题。从村民生活消费来看，平日里，村民主要消费大米、面粉、白菜、萝卜等自家生产的粮食，逢年过节或者来了客人，才去集市采购鸡鸭鱼肉和鸡蛋等高质量食品[①]。由此可见，农村农民生活水平仍然处于较低水平。1992年，邓小平同志"南方谈话"后，强调贫穷不是社会主义，中国应走具有中国特色的社会主义市场经济发展之路。社会体制从计划经济逐步向市场经济转型，农产品价格由供需来调整，农产品市场呈现出繁荣和昌盛的景象。进入新世纪后，随着城镇化、工业化进程的加速，大量优质劳动力向城镇转移就业，谋求工作岗位的同时，获得更高的务工收益。而此时的农业生产收入依然低下，进步缓慢。特别是遇到自然灾害时，农业种植收成就会受到严重影响，缴纳农业税和支付日常生活开销后几乎没有剩余[②]。随着农业生产基础地位重要性的日趋显现，以城带乡、以工促农等各项支农惠农政策得到普及，2006年，全国取消了农业税，国家推行新农村建设，农村家庭经济走向高质量发展之路。国家也在不断加强农业基础设施建设，增强农业抵御自然灾害的能力，降低农民农业种植的风险。

值得注意的是，中国农村人多地少的国情及均分土地造成了耕地分散，实施规模经营的难度较大，因此，劳动生产率低下导致我国农产品价格在国际竞争中处于劣势。在国内，农村居民选择务工或是务农，存在较大的收益差距。

资料1：2016年8月25日，江汉村民HCL（54岁）介绍，今年与妻子周氏经营旱地8亩，全部种植黄豆（前两年种植棉花），每亩地除去种子、肥料和农药等成本外，能获得300~500元的毛收入；水田5亩，主要种植水稻，生产的粮食够一年的口粮。在旱地里，黄豆和小麦两季套种，种植小麦与黄豆的毛收入相差不大，大概都在300~500元之间，每年收益有差异，不大，主要看当时的气候和天气。农民种植收益最好的当属时令菜、葱姜蒜等经济作物，如果经营得好，每亩田每年可以获得1万元的毛收入。但是种菜属于精耕细作，需要投入大量的人工，如果是老两口独立经营的话，2亩菜地已是劳作极限。即便是种植经济作物，农村家庭的种植收益也非常低，如果加上农村的人情往来和生病医疗，所剩也不为多。

[①] 笔者在湖北江汉A村调研时，老伯GHT描述了当年的情景。
[②] 传统农业属于靠天吃饭，往往受气候等自然条件影响比较大。改革开放初期国家整体水利基础设施建设比较落后，长江沿线居民经常受到洪涝灾害的影响，而高原地带又常常受到干旱的影响。

2016 年 8 月 19 日，木工 QXP 介绍，现在大工的日工资基本稳定在 200~240 元，小工的日工资为 120 元。自留地里种植蔬菜，水田里种一些水稻，日用口粮基本上就不用买了。如果两口子每月有 10 天的务工工期，就会获得 38400 元以上的年收益。

比较农业种植和外出务工的收益差异便能发现，务工收益高于务农收入。追其根本原因，由于我国人多地少，区域差异显著，均分土地后人均耕地仅 1.38 亩，仅为世界平均水平的 40%[①]，耕地面积十分有限。虽然劳动力获得了土地经营权，但是大量劳动力约束在土地上，造成了农村劳动力的剩余，农业生产效率低下。这是农村贫困的根源。解决农村发展问题，首先需要解决农村剩余劳动力转移这一根本问题，即充分就业的问题。随着城镇化、工业化的快速推进，农村大量剩余劳动力迅速向城镇转移。改革开放 40 年，中国农业经营的微观主体并未发生太大变化，他们依然是"50 后"和"60 后"[②]，虽然年龄呈现出老弱化现象，但从事种植劳动的热情不减，农业机械装备的发展弥补了农业传统种植劳动力之不足。在城镇化、工业化的背景下，务工收益高于务农收益致使农村人口大量外流外迁，务农人口渐渐缩小，以至于部分有条件的区域已经开始探索，先行先试，创新培育出了家庭农场、农民专业合作社等新型农业经营主体，壮大了集体经济。农村农业新型经营主体的培育和集体经济模式的创新，成为推动农村农业粮食生产与保障粮食安全的新生力量，国家正在逐步完善其体制机制，保障其健康发展。

二、创新发展农业经营主体，推动农村农业持续发展

家庭联产承包是我国土地改革的实践创新，符合当时的国情；时至今日，农村农业小农经营依然是我国农村农业经营的主要方式，稳步推动了农村农业社会经济的发展。随着城镇化和工业化深入推进，农村大量劳动人口转移进城而市民化，农村因动力不足而显得虚弱。自新农村建设以来，特别是 2013 年中共中央、国务院印发《关于加快发展现代农业进一步增强农村发展活力的若干意见》以来，中央高度关注农村农业的稳定可持续发展，着力构建集约化、专业化、组织化、社会化相结合的农业经营体系，进一步解放和发展生产力，巩固和发展农村农业的大好形势。部分有条件的

---

① 韩俊. 调查中国农村. 北京：中国发展出版社，2009.
② 这里指 1950—1969 年间出生的农民。

区域正在实践集体农庄、适度规模经营、科技兴农等，各种先行先试的创新之举将成为驱动农村农业持续稳定发展的宝贵经验。

创新发展新型经营主体是适应我国农村发展的需要，也是推动农村农业持续增长的动力源。改革开放初期，7亿农民均分土地，实现耕者有其田，极大调动了农民的劳动生产积极性，亿万农民逐渐脱贫致富奔小康。但中国农村农民人均一亩三分地，人多地少的现实决定了依靠传统农业耕种方式不可能实现小康之路。国家结合国情战略选择推进城镇化、工业化建设，农村人口外迁和劳动力快速持续外流，农业从业人口持续减少，为部分区域开展适度规模化经营创造了条件。再者，三次产业的比较劳动生产率差距依然较大，一、二、三产融合联动发展的目标导向要求农业必须走现代化发展道路，探索新型农业经营主体和农村发展模式，实现三次产业劳动生产率在合理区间运行。

梳理涉农相关文件，稳定和创新农业经营方式为两个主题：2004年，《中共中央国务院关于促进农民增加收入若干政策的意见》一文便提出加快农业产业化经营，多种形式相结合，确保农户增收。2007年中央"一号文件"指出："社会主义新农村建设的首要任务是发展现代农业"，同时提出："科技进步是突破资源和市场对我国农业双重制约的根本出路……继续坚持立足保障粮食基本自给的方针，逐步构建供给稳定、调控有力、运转高效的粮食安全保障体系。要努力稳定粮食播种面积，提高单产、优化品种、改善品质。"要培养新型农民，创新推动现代农业发展，培育农民专业合作组织，确保农户增收。2009年提出稳定农村土地承包关系，建立健全土地承包经营权流转市场。2010年中央"一号文件"在协调推进城乡改革，增强农业农村发展活力方面指出，推动家庭经营向采用先进科技和生产手段的方向转变，推动统一经营向发展农户联合与合作，形成多元化、多形式、多层次经营服务体系的方向转变，壮大农村集体经济组织的实力，为农民提供多种有效服务，完善土地承包经营权流转制度，扶持农民合作社和龙头企业的发展。2012年又指出，实现农村农业持续稳定发展和确保农产品长期有效供给的根本出路在科技，全面推进新型农业农村人才队伍建设。2013年《中共中央国务院关于加快发展现代农业进一步增强农村发展活力的若干意见》指出，加大农村改革力度、政策扶持力度、科技驱动力度，围绕现代农业建设，充分发挥农村基本经营制度的优越性，着力构建集约化、专业化、组织化、社会化相结合的新型农业经营体系，进一步解放和发展农村社会生产力……大力支持发展多种形式的新型农民合作组织。2014年中央"一号文件"指出："任何时候都不能放松国内粮食生产，严守耕地保护红线，划定永久基本农田，不断提升农业综合生产能力，确保谷物基本自给、口粮绝对安全。加大力度落实'米袋子'省长负责制，确立粮食面积底线，明确粮食安全责任……在完善农村土地承包政策方面，提出稳定农村土地承包关系并保持长久不变，在坚持和完善最严格的耕地保护制度前提下，赋予农民对承包地占有、使用、收益、流转及承包经营权抵押、担保权能。在落实农村土地集体所有权的基础上，稳定农户承包权、放活土地经营权，允许承包土地的经营权向金融机构抵押融资。"这为创新村集体经济、家庭农场、农民合作社等农业经营主体奠定了政策基础，为创新土地流转和规模经营方式，多种形式适度规模经营，提高农民组织化程度提供了制度保障。2016年中央"一号文件"指出，发挥多种形式农业适度规模经营的引领作用，加快培育新型职业农民，不断优化农业生产结构和区域布局，夯实现代化农业基础。

国家历年"一号文件"指导各区域在稳定农村土地承包关系的条件下，落实粮食播种面积底线，确保国家粮食安全，探索农业发展模式创新，试图通过创新来破解发展中存在的难题和问题。随着城镇化率快速增长，农村劳动力大量流动，农户兼业化、村庄空心化、人口老龄化趋势明显，农民利益诉求日益多元化。部分有条件的农村摸索出了帮助村民脱贫致富的模式。通过发展集体经济，创新农民合作社、家庭农场等多种经营形式，实现了农民增收致富，逐步缩小了城乡收入差距。

资料2：上海陈家镇瀛东村位于海边，1985年村书记陆文忠带领村民围垦，1994年围垦土地4000亩。沧海变桑田。1989年建村以来，地多人少，抗风险能力差，为了保护村民们的利益，村集体探索出了一条"两头统，中间包"的瀛东模式，既可以发挥集体力量，又能激发村民的积极性。以养殖为例，统一采购鱼苗和饲料，并实施统一销售，养殖户分头承包鱼塘负责养鱼，这样降低了养殖户的经营风险，能够较好地保障养殖利益。2013年底，成立了社区经济合作社，推动生态养殖、生态农田和生态旅游全面发展，让村民当上村集体企业的股东，实现村民的财产性增收，为进一步发展开辟新的路径。今年57岁的施考泉（当年最早跟随村支书围垦的六人之一）说："如今，村集体资产经营得好，每月有补贴，每年还有股份分红，我们都吃穿不愁，去镇上、去城里、去上海市区交通便利，日子过得蛮好的。"

江苏扬州江都区丁沟镇黄花村共有19个行政组，2005年成立黄花村粮食土地专业合作社后，全村7699亩耕地陆续以入股的形式进入了合作社。为了让全村3920名老百姓真正过上小康生活，2008年，村里商议决定拿出3000亩田帮助老百姓，农民可以先"预支"耕地，卖了粮食再交租金。种植大户吴庆海夫妇说："以前承包田地太少，种不出什么庄稼，为了生计只好外出打工。由于文化水平不高，我在外面做泥瓦匠，媳妇在村里做织毛衣的零活，一年下来就余两三万块钱。现在在家种田，村里先将100亩田地'预支'给我们，粮食卖了，再交租金，一年能有十几万的收入。而且，村合作社还带我们去学习先进经验，邀请农技专家来指导，确保我们一年忙到头能有钱挣。"

三、以家庭联产承包为主体，探索多种经营方式

小农经营依然是农村农业生产的主体。创新发展多种经营方式，是对小农经营业态的补充，更是农村农业现代化发展的现实需要。在城镇化、工业化的裹挟下，劳动力持续外流，引起农村人口老龄化、空心化和劳动力主体缺失等社会问题，为应对农业发展动力不足和小农生产效率较低的问题，创新发展农村集体组织合作社、大户经营、农业企业经营，这是适合农业现代化发展需求的经营业态，在未来农村农业发展中将成为一支新生力量。

改革开放时农村土地改革的青年主体多为1950—1969年出生，即"50后"和"60后"。时至今日，他们依然是农村农业生产经营的主体，但生产方式正悄然改变。城镇化和工业化快速发展，农村剩余劳动力已经大规模转移，农民工外出打工，常年在外，农村家庭承包土地耕作与生产基本全由老年人承担。对于农村劳动力不足的情况，村里有农机设备可以租用。实在无力经营土地的，可以赠送、转租或者流转。但农村集体所有制和农业经营体系并未发生根本性转变，为农村小农经营和现代化规模经营有机衔接奠定了创新的基础。

2013年中央"一号文件"《中共中央国务院关于加快发展现代农业进一步增强农村发展活力的若干意见》指出，党的十六大以来，全面推进"三农"工作创新，全面确立重中之重、统筹城乡、"四化同步"等战略思想，全面制定一系列多予少取放活和工业反哺农业、城市支持农村的重大政策，全面构建农业生产经营、农业支持保护、农村社会保障、城乡协调发展的制度框架，农业生产得到很好的发展、农村面貌得到很大的改善、农民群众得到很大的实惠，初步探索出一条中国特色农业现代化道路……充分发挥农村基本经营制度的优越性，着力构建集约化、专业化、组织化、社

会化相结合的新型农业经营体系，进一步解放和发展农村社会生产力，巩固和发展农业农村的大好形势。采取奖励、补助等多种办法，扶持联户经营、专业大户、家庭农场。大力支持发展多种形式的新型农民合作组织。可见，创新发展是未来农村农业经营体制改革的主旋律。在现有土地承包关系保持稳定并长期不变的情况下，鼓励和支持承包土地向专业大户、家庭农场、农民合作社流转，发展多种形式的适度规模经营，以实现农村农业生产总量的稳定增长和农民的持续增收。

第三次农业普查的数据显示：2016 年，我国实际耕种的耕地面积为 16.8 亿亩，其中流转耕地面积为 3.9 亿亩，流转耕地面积占实际耕种面积的 23.4%。由此可以发现，76.6% 的耕地仍然是由承包者自家在经营，农村农业以小农经营占主导地位的格局并未发生根本性改变[①]。一方面，小农经营是农村农业生产的传统方式，在剩余劳动力逐渐外流至城镇就业后，农业机械能够替代部分劳动力，小农经营效率得到大幅度提升；另一方面，土地依然是农村农民的主要生产资料，是增收致富、奔向小康社会的重要根基，稳定的土地政策，亦稳定了农村、农业发展和农民的去向。同时，集体所有制为农村改革探索新业态、新产业的发展与创新提供了空间。

第二节　农村农民就业选择亦工亦农，优化了家庭收入结构

市场经济体制下资源的自由配置，为劳动力在城乡之间流动创造了条件，农村农业家庭承包经营方式由传统的农业种植向亦工亦农的兼业化生产方式转型，家庭经济收入呈现出多元化趋势。家庭联产承包经营、统分结合的双层经营体制，赋予农民生产经营自主权，是我国农村土地制度改革的理论创新，不仅解决了亿万人口的温饱问题，还稳定了农村社会的发展，并为农村解放生产力、发展生产力奠定了制度基础。在农村，随着科技进步和农业现代化水平逐步提高，农业劳动生产率也在不断增长，农村劳动力出现剩余；在城镇，随着城镇化、工业化的快速推进，大量就业岗位则吸收了农村劳动力之剩余，有些区域或企业甚至出现了"用工荒"的情景[②]。农村农民家庭在"看中学"和"干中学"的过程中，为了实现脱贫致富奔小康的目标，在追求劳动收益最大化和机会成本最小化等多方权衡取舍后，逐渐形成了亦工亦农的工农分工格局。

---

① 陈锡文.从农村改革四十年看乡村振兴战略的提出 [J]. 行政管理改革,2018(04):4-10.
② 主要指东部沿海城市，一方面是产业升级对高端人才的需求，另一方面是人口老龄化对家政服务人员的大量需求。

一、家庭联产承包土地创造了财富，同时又受边际效应约束

农村现行的土地制度实为集体所有制，可视为各地农民均分土地。农民在承包的土地上精耕细作，创造性的劳动让土地生产出极大的产能，农民生活逐渐丰衣足食。由于单位土地在农业生产中创造的财富具有劳动力边际效用递减规律，即所谓的"天花板"效应。农村家庭在具有充足劳动力的情况下，要创造更多的财富，满足日益增长的生活水平对物质的需求，家庭承包的有限土地面积根本无法实现。这是人均耕地较少的现实矛盾，这种情况下，只能向村集体承包更多的土地或者继续外出务工就业。

由于历史和行政区划等原因，各村土地面积和人口数量各不相同，所以不同区域的家庭能够承包的土地面积大小和肥沃程度也存在差异，以至于不同区域的农民收入存在较大差别，总体而言，呈现为东部经济富裕，中部次之，西部较差。东部区域地处沿海，具有明显的区域优势，是改革开放"两个大局"确定的先发展地区，整体经济较好。西部区域属于内陆腹地，区位处于劣势，并且内陆多高原、多山脉，土地贫瘠，人口众多，交通不便，社会经济相对滞后。但在相邻区域，农村之间的生活水平相差不大。不过，随着沿海地区对外开放，外资流入，乡镇企业建厂扩展业务急需大量劳动力，此时，中西部农村大量剩余劳动力便可转移就业。充分就业获得务工工资，亦工亦农的家庭内部劳动分工，实现了劳动收益最大化，进而推动了农村家庭经济的繁荣。特别是外出务工可带回劳动收益、发达地区的生产技术和管理经验，对改进内陆高地的农村发展起到了积极作用。在外出务工的群体中，具有较高人力资本的青壮年，获得的收益普遍较高。

二、农村劳动力追求家庭收益最大化，形成工农分工新格局

农村劳动力单向流入城镇就业，其原因主要在于农业生产与务工收益的比较优势。自改革开放以来，城镇呈现净流入状态，乡村则反之，呈流出状态。农村劳动力人口流动的动力机制和影响机理可以用 Lee 的推拉理论、刘易斯二元经济理论解释，一方面，农业较低的劳动生产率造成了大量剩余人口，另一方面，城镇化、工业化发展需要大量劳动力。起初，农村劳动力流动的目标是寻求就业，而后逐步增长为追求收入最大化。在推拉理论中，城市的高收入对乡村劳动力产生了吸引力；而乡村大量劳动

力的剩余，对劳动力外出产生了推力。这是对两个不同阶段的归纳形成的经验总结，高收入的拉力处于劳动力流动的后期，这反映的是比较优势的主动选择。而乡村剩余大量劳动力是人口流动的前期，表现为自然状态的被动选择。其目标都是追求收益最大化，实现脱贫致富。

劳动力等生产要素流向城镇，在城镇聚集产生经济效益，推动了社会经济的快速发展；而城镇的快速发展反过来又进一步深化了劳动力的流动。劳动力流动的这一过程，实质是劳动工农分工格局的形成。一方面，农村劳动力生产效率低下，造成了大量劳动力的剩余。通过城镇化和工业化发展第二、三产业，创造就业机会，吸纳农村剩余劳动力。另一方面，城乡、区域发展不均衡，造成农村人口大量流迁，引起农村空心化、老弱化。通过以工代农、以城促乡，发展农业机械化、农业现代化和农业适度规模化等多种方式，提高农业劳动生产率，留住农民。城镇化快速发展表现为人口的单向流动，而农村农业现代化发展则表现为劳动人口的回流。

农村人口在城乡、区域之间的自由流动，为乡村快速发展营造了新的发展机遇。一是农村人口转移城镇，农业劳均生产效率显著提高，达到了农村农民增收致富的效果。二是农村劳动力短缺为农业机械化在农村市场的普及创造了基础条件。农业经营生产需要大量的人工劳力，且比较费时，农机设备的广泛应用可以替代一部分劳动，随着科技的发展，替代的内容和程度也会从小部分发展到大部分劳动。三是农机装备的广泛应用弥补了农村劳动力的短缺，为农村推行适度规模经营探索了经验。农机装备具有较高的劳动生产效率，可以替代劳动力完成粗活、重活，达到节约劳动成本的目标。四是农村在"干中学"的过程中，人力资本水平得到普遍提高。较高的人力资本意味着学习和跟上时代变化的能力在不断提升，特别是外出务工的劳动力将外界先进的技术方法和管理理念带回农村，并付诸行动，进而带动了农村项目经营与管理水平的提高，经济逐步向前发展。这种现象如星星之火，以燎原之势为农民工回乡创业树立了榜样。

农村劳动力在城乡之间流动和配置，历经多年积累，已在传统务农和现代务工中找到了自己的位置，在务农或务工上的选择形成了专业化格局，筑牢了分工的基础。要实现农民工的双向流动，尊重农民的工农分工选择，需要各级政府加大惠农支农扶持力度，加快乡村建设，推动农村农业生产、农业加工、农业销售等一、二、三产业联动发展，发挥比较优势，吸引优质人才到农村工作。

三、农村农民收入多元化，收入结构优化保增收

城镇化、工业化的快速发展，为农村剩余劳动力转移提供了大量的就业机会，在土地承包政策稳定的情况下，农民既可以在家种地获得种植收入，也可以外出务工获得工资收益，还可以流转土地获得租金，农村收入结构呈现多元化。多元与一元相比，具有较强的抗风险能力。

在以农业为主的时期，由于工业化水平低下，工业部门对劳动力的需求有限，且务工工资也不高，大量农村农民只能通过耕种土地获得经济收入，加上中国人多地少的现实，农村居民生活处于比较困难的境地。改革开放后，城镇化和工业化吸纳了农村剩余劳动力，为农村居民提供就业的同时，也获得了成本比较优势和规模效应。城镇和工业的快速发展，为城镇反哺乡村、工业反哺农业带来了可能。在政策的指引下，大量资本开始流向农村，以加快农村基础设施建设，帮助发展农村农业，提高农民抗风险能力。随着城镇化和工业化的快速发展，国民经济不断增长，劳动力不断涌向城镇部门就业，彻底改变了农民只能种地的现状。农民工虽然很辛苦，但与在家耕种相比，劳动力还是愿意当农民工，因为外出打工一年获得的收入可观。

资料3：2018年2月17日，笔者在湖北JH村调研，村民邱XP有两个儿子邱J和邱L，分别生于1984年和1987年，大儿子初中未毕业，小儿子小学文化。邱J在14岁时因家境贫困辍学后选学裁缝，跟随师傅到广州做衣服加工。次年邱L小学毕业，也选学裁缝，因年龄太小，在家拜师学艺三年。2002年下半年，经朋友介绍，远赴深圳服装加工厂做工，从早到晚，守着缝纫机每天工作12小时，因为身边的同龄人都是这么干的，所以并没有觉得有多辛苦。春节前结了工资6000元，藏在鞋底带回给父母，这笔收入数额不大，但这可是父母守着土地2年的收入呀！小儿子打工6年后，用挣得的10多万元将青砖瓦房重新建设成两层楼房。大儿子也于2017年在小儿子的楼房旁盖上了二层楼房，而且还准备自己在广州租房子办加工厂。如果是在家种地，不可能在这么短的时间内盖上楼房。两兄弟通过外出打工挣钱，将青砖瓦房变成楼房，提前完成了一代人的使命。而村子第一批修建楼房的，基本上都是依靠子女外出打工挣钱后修的。至今为止，JH村58户只有6户人家没有修建楼房了。

可见，对于大多数农村居民来讲，现阶段完全依靠发展农业，还不能够真正实现

脱贫致富，改变经济落后的面貌，唯有增加务工收入，不断优化农村家庭经济收入结构，才能重整农村经济。

第三节 农业经营体系逐步完善，推进了农业增产、农民增收

稳定农村土地承包关系，且保持长久不变的政策，确保了小农生产的积极性和基本收益。但人多地少田贫、地块分散的现实国情和农情阻碍着农村农民依靠农业创收致富的进程，如何高质量地种地和科学构建农业经营体系成为"三农"发展的根本难题。改革开放40年来，党中央国务院鼓励有条件的区域勇于探索，大胆创新，把改革作为推动"三农"发展的根本动力，坚持以家庭经营为基础，与多种经营形式共同发展，传统的精耕细作与现代物质技术装备相辅相成，实现高产高效与资源生态永续利用协调兼顾[①]。政策建议和制度导向为农村农业发展指明了方向，部分村庄尝试集体经济、农业合作社、家庭农场等多种经营方式，以提高农村农业收益。

一、小农经营为主体，多种经营方式相结合

改革开放之初，我国人口约9.6亿，其中乡村人口约7.9亿，耕地约14.9亿亩[②]。乡村人均耕地面积不到2亩，且人口主要集中在胡焕庸线的东南部，区域极不均衡。人多地少、经济贫困、生产力落后等国情、农情，困扰着各级政府。土地改革实现了耕者有其田，激发了农民的劳动生产积极性，农民生活开始好转，乡村劳动力稳定在了承包的耕地上。随着改革开放的推进，国民经济快速发展，城镇化和工业化吸纳了农村大量剩余劳动力，农村经济逐步向好。截至2017年底，中国统计局数据显示，中国乡村人口约5.7亿人，耕地面积约20.23亿亩。相比改革之初，人均耕地面积在人口大规模流入城镇的条件下，明显增长，但人均耕地面积依然不高。第三次农业普查的数据显示，2016年我国实际耕种的耕地面积为16.8亿亩，其中流转耕地

---

① 2014年中国中央、国务院印发的《关于全面深化农村改革加快推进农业现代化的若干意见》
② 耕地是指主要用于种植小麦、水稻、玉米、蔬菜等农作物并经常进行耕耘的土地，包括灌溉水田、望天田、水浇地、旱地和菜地。我国耕地资源表现为"一多三少"的特征：一是耕地总量多，我国耕地总面积仅次于美国、印度和俄罗斯，居世界第四位。二是人均耕地面积少。2015年底，中国耕地面积20.24亿亩，仅约占国土面积的14.05%，人均耕地面积不足世界平均水平的40%。三是耕地后备资源少，全国具有一定规模的耕地后备资源仅约为533.33万hm²，且大部分分布在生态脆弱区，补充耕地成本高、难度大。四是优质耕地占比少，全国耕地平均质量等别为9.96等，优、高、中、低等耕地面积比例分别为2.90%、26.59%、52.72%、17.79%。

面积为 3.9 亿亩，流转耕地面积占实际耕种面积的 23.4%。由此可以发现，76.6% 的耕地仍然是由承包者自家在经营，农村农业以小农经营占主导地位的格局并未发生根本性改变^①。

2019 年农民工监测报告显示，约 2.9 亿农民工在省内外流动，大部分流入建筑施工、机械制造、外贸加工等劳动密集型企业，农村家庭对土地的依赖程度由紧密变得松动。部分区域村庄开展集体经济，村民将承包地以股份的方式入股，获得财产性收益。村集体可以化零为整，将整块土地租给农业合作社、种植大户或家庭农场耕种，实现适度规模经营。合作社或者大户通过承包规模土地经营，获得规模收入，提高了经营效率。除了集体经济形式以外，也有部分地区通过土地流转集散成片，开展特色农业种植。笔者在重庆垫江沙坪镇毕桥村调研时发现，某龙头企业就承包了农户的耕地，改造成标准农田进行水稻种植或花卉培植，给农户补贴每年每亩 500 斤谷子。承包土地的企业或大户除了获得经营收入外，还可以获得国家财政的种植补贴。

按照经济学规模经济理论，适度规模种植产生规模效应，农业种植大户、农业合作社可以通过承包村集体土地、租用劳动力和农业商业银行贷款，获得生产要素和资本，从而实现规模经济，提高农村农业经营收入。

二、经营主体联动合作，培育新型农业社会服务

小农经营具有小规模、零星、分散等特点，生产成本较高，不利于参与市场竞争。家庭农场、种植大户和农业合作社由于规模较大且集中，对市场波动比较敏感。为了保障农户的种植收益，在国家和农业部门的鼓励下，农业龙头企业、农业合作社、家庭农场等多种经营主体自发组织起来，开展育种、播种、施肥、喷药、收割、销售等生产和过程管理，联合形成风险共担、利益共享的共同体。通过集约节约用地、用水、用料、用工等开销，降低种植生产经营成本，提高经营收益。

为了应对市场变化，做好销售服务工作，具有集体经济属性的农民专业合作社和个人种植大户、家庭农场以及小农代表们联合形成的管理团队，密切关注市场行情，向上游延伸服务主体，向下游拓展销售渠道，保障种植销售收入。在政府和农业部门的支持下，随着专业化分工，逐渐形成了供销合作社、专业技术协会、农民用水合作组织、涉农企业等社会广泛参与农业产前、产中、产后服务的新型服务组织，有效提

---

① 陈锡文 . 从农村改革四十年看乡村振兴战略的提出 [J]. 行政管理改革 ,2018(04):4–10.

升了土地种植效应。

资料 4：广西陆川天龙村因种植韭菜致富而得名"韭菜村"，村民梁光彬今年 53 岁，承包了 25 亩土地，种植韭菜，韭菜割了长，长了割，刨去地租、人工成本等，一亩地纯利润能有 1 万~2 万元，一年能割 10 次，一亩地一年能产韭菜 2.5 万斤，一年纯收入大概 30 万元。

村里有 160 多户韭菜种植户，共有 1800 多亩韭菜田。每天拉出去卖的韭菜超过 1 万斤，产品远销广东、南宁、北海、玉林等省、市、地区。村里专门成立了韭菜协会，协会安排专人专车统一收购韭菜送到玉林市场，一些年龄大的农户也可以种植韭菜，不愁卖。

随着信息化、网络化、交通"村村通"等基础设施建设的不断完善，农村电子商务平台也得到了发展，小农或者种植大户可以通过"互联网 +"等网络平台实现跨时间、跨区域、点对点的销售服务，有效拓展了农产品进入全国市场的空间，为高质量的农产品直接迈入高端市场创造了条件，节省了中间环节，使买卖双方受益。

三、传统与现代结合，创新农业营销方式

随着科技兴农技术的普及和农业生产组织的高效推进，农产品质量得到提升，农产品产量也稳步增长。传统的农产品销售渠道和方式无法满足日益增长的农产品产量，如何打开市场、拓展销售渠道成为农户种植的最大难题。前些年，部分区域农村屡屡出现种植大户增产不增收、谷贱伤农的事件。归纳起来，主要是两方面：一是农产品的同质化严重，同类产品积压，造成供过于求，以至于在市场机制下该类农产品市场价格低廉，投入产出收益下降；二是传统的农产品供销功能没有激活，未能真正成为服务农民和市场的桥梁，作用发挥不突出，更没有直销渠道和平台对外输送，导致中间商贩和不法分子侵蚀了农产品的价值收益。近年来，随着基础交通的日趋便捷，特别是信息网络技术的发展和普及，使信息交通更加便利，衍生出了"互联网 +"智慧销售平台以及将装配和运输一体化的物流配送企业，这些服务突破了空间区域的阻隔，实现了农产品在买卖双方之间的直销，进而利用信息平台发展了电子商务、直销配送、众筹认购、体验营销等模式，实现了线上、线下融合互动，提质增效。

农村交通基础设施的建设与发展，为农产品通过传统运输进入市场创造了便利条

件。而"互联网+"电商平台的普及和应用，则为农村供销合作社开拓业务创造了新的平台，就产业链而言，向上游可以延伸，向下游可以拓展。供销合作社具有扎根农村、联系农民、点多面广的传统优势，在服务乡村农民、参与市场竞争、获得经营收益中扮演着重要的角色。随着时代的进步和电子商务平台的不断发展，物流配送企业快速发展与壮大，冷链运输保鲜技术普及应用，逐步形成了新农村现代物流网络和农产品批发市场。供销合作社的部分功能被新型销售平台或农业龙头企业替代，形成了农副产品产、加、销一体化发展，同时也带动了乡村一、二、三产业的融合发展。

资料5：SH村距离乡镇中心约8.4km，距离县城中心北门仅约5.5km左右，因为距县城较近，村民们更愿意去县城做买卖或务工。从农村到县城步行75分钟，自行车30分钟，摩托车15分钟。在"村村通"后，自驾车12分钟左右。便捷的交通，有利于农产品在城乡之间快速流动。

农业和农村经济结构的战略性调整，农业产业链的延伸，附加值的增加，农产品产量与质量的提高，归根到底需要有相应的科技支撑和生产者一定的教育水平作为保证（翁伯琦，2003）[1]。

第四节 农村劳动力人力资本提升，推动着农业健康发展

农业劳动力素质教育近年来备受国家重视。2012年中央"一号文件"聚焦农业科技，指出要着力解决农业生产力发展问题，明确提出大力培育新型职业农民；2013年中央"一号文件"提出，要创新农业经营体制机制，着力完善农业生产关系，加强农业职业教育和职业培训；2016年《中共中央国务院关于落实发展新理念加快农业现代化实现全面小康目标的若干意见》明确提出："将职业农民培育纳入国家教育培训发展规划，形成职业农民教育培训体系，把职业农民培养成建设现代农业的主导力量……引导有志投身现代农业建设的农村青年、返乡农民工、农技推广人员、农村大中专毕业生和退役军人等加入职业农民队伍。优化财政支农资金使用，把一部分资金用于培养职业农民。总结各地经验，建立健全职业农民扶持制度，相关政策向符合条件的职业农民倾斜。"[2] 2017年1月9日，农业部出台《"十三五"全国新型

① 翁伯琦.影响农民增收的主要因素分析与科技兴农对策思考[J].福建论坛（经济社会版),2003(02):35-38.
② 2016年中央"一号文件"。

职业农民培育发展规划》，提出发展目标：到 2020 年，全国新型职业农民总量超过 2000 万人。同时还提出以提高农民、扶持农民、富裕农民为方向，以吸引年轻人务农、培养职业农民为重点，通过培训提高一批、吸引发展一批、培育储备一批，加快构建一支有文化、懂技术、善经营、会管理的新型农民队伍。农村发展的主体是农民，农业生产的主体是农民，实现乡村振兴、城乡统筹协调发展的关键主体也是农民。因此，农民的基本素质和职业能力高低决定了未来农村发展的高度。

一、新型职业农民是未来农村发展的关键力量

新型职业农民是一种主动选择，将以农业作为固定乃至终身事业，是真正的农业继承人，是解决"谁来种地""怎么种地"等深层次问题的关键。中国正处在从传统农业迈向现代化农业的关键时期，大量先进农业科学技术、高效率的农业设施装备、现代化经营管理理念越来越多地被吸引到农业生产的各个领域，迫切需要高素质的职业化农民。然而，由于长期的城乡二元结构，农民成为一种生活在农村、收入低、素质差的群体，是贫穷的"身份"和"称呼"，而不是有尊严、可致富、有保障的职业。在工业化、城镇化快速发展的过程中，农民一样可以到城市挣钱，特别是青年农民对在农村种田已经彻底放弃，在城市扎根，只有老了、干不动了，才会回到农村种田。另外，从农村走出去的大学生更不愿意回到农村种田。"谁来种地"这个问题需要深思，需要一系列的制度安排和政策跟进。一方面需要吸引人才进入农村，另一方面需要大力发展农村职业教育，培育新型职业农民。

培育新型职业农民就是培育现代农业的现实和未来。随着传统小农生产向社会化大生产快速转变，现代农业对能够掌握现代农业科技、能够操作现代农业物质装备的新型职业农民的需求更加迫切。随着较大规模生产的种养大户和家庭农场逐渐增多，农业生产加快向产前、产后延伸，分工分业成为发展趋势，具有先进耕种技术和经营管理技术，拥有较强市场经营能力，善于学习先进科学文化知识的新型职业农民成为发展现代农业的需求。

培育新型职业农民就是培育新型经营体系的核心主体。今后中国农业的从业主体，从组织形体看，就是龙头企业、家庭农场、合作社等，从个体形态看，就是新型职业农民。因此，培育新型职业农民就是培育各类新型经营主体的基本构成单元和细胞，对于加快构建集约化、专业化、组织化、社会化相结合的新型农业经营体系，将发挥

重要的主体性、基础性作用。

培育新型职业农民有助于推进城乡资源要素平等交换与合理配置。推进城乡发展一体化，首要的任务是劳动力统筹，在让一批农村劳动力尽快真正融入城市的同时，必须提高农业、农村的吸引力，让一部分高素质劳动力留在农村务农。加快建设现代农业，要求全面提高劳动者的素质，切实转变农业发展方式。新型农业经营主体培育的重点是农民、农户，国家政策支持的重点是新型职业农民。

新型职业农民的特征：具有高度的社会责任感和现代观念；有文化、懂技术、会经营，对生态、环境、社会和后人承担责任；具备较大规模经营能力，具有较高收入；具有较高地位，受到社会尊重等。

中国社会科学院农村发展研究所研究员党国英（2019 年 4 月）指出，新型职业农民不同于小农户，主要表现在：高度依赖社会分工，面对广大市场开展经营活动，并非自给自足。经营规模比较大 [1]，足以使生产成本降到产生市场竞争力的程度。从我国实际出发，将粮食生产的平均家庭经营规模（约 10 亩）定义为现在的 8~15 倍，比较合理。随着我国城市化水平不断提高，这个规模可以逐步增大，但蔬菜、水果的生产适度规模可以小一点。依托现代农业经营组织体系，从国际经验来看，在大部分农业生产领域，"巨型合作社 + 专业化家庭农场"是最具有竞争力的农业经营体系，与政府和农业科研机构结成"金三角"。新型农业是推进农业现代化的主体，而农业科研机构和政府会帮助职业农民获得实用技术、降低各类风险、稳定市场预期。

在农业生产环节，我国依然是以小农经营为主。虽然在农业主产区的很多小农户已经不直接下田操作，但他们仍是土地承包户，土地不流转，社会对土地规模经营水平的提高形成了限制；我国农业经营组织体系的现代化水平还较低，规模普遍较小，急需建立高水平科技推广体系，让农民学习更多的实用技术。

农业人口向城镇转移仍面临多重阻力。比如城市规划设计缺乏多样性，忽视了适度混合型居住的必要性，提高了低收入农民工在城市的居住成本，使得大量农村人口与小块土地的刚性联系难以打破，压缩了新型职业农民的生产空间。

二、农村人口持续减少，青壮年劳动力缺乏

伴随城镇化、工业化的深入推进，我国农村农业发展呈现出农业综合生产成本上

---

[1] 特别是在农产品流通、服务和加工领域，从业者的经营规模很大，甚至可以比肩跨国公司。

升、农产品供求结构性矛盾突出、农村社会结构加速转型、城乡发展加快融合的态势。但是，随着生活水平的提高，对农产品的需求总量刚性增长，消费结构快速升级，农业对外依存度明显提高。同时，农村劳动力大量流动，农户兼业化、村庄空心化、人口老龄化趋势明显。据第三次农业普查的结果，在农业经营人员中，男性占52.5%，35岁以下人员占19.2%，36~54岁的人员占47.3%，55岁及以上人员占33.6%[①]。该数据显示，从全国层面的视角看，青壮年依然是农村农业的主体。

笔者于2017年在湖北江汉A村调研时发现农村人口各层次占比是比较合理的。全村总人口257人，其中57岁以上70人，占比27.2%；37~56岁共86人，占比33.4%；17~36岁69人，占比26.8%；17岁以下32人，占比12.5%。但在家庭内部分工中，1979年以后出生的农民由于接受过基础教育，具有较高的人力资本，大部分在外务工挣钱。而1979年之前出生的农民是务工的主体，共123人，其中58岁以上37人，占比30%，48~57岁35人，占比28.5%。所以，在部分区域，特别是社会经济比较发达的东部和中部地区，农村务工主体呈现老化趋势，而且还在逐步深化（表3-1）。

湖北江汉A村2000—2017年居民基本情况统计表（单位：人）　　表3-1

出生年份	人数（含嫁娶）	外迁人数	外嫁或死亡	实际人数	男性	女性	文化水平（现有人数）				
							文盲	小学（含扫盲班）	初中	高中	大学
1930—1939	18	2	10	6	3	3	0	6	0	0	0
1940—1949	48	5	16	27	11	16	0	27	0	0	0
1950—1959	52	9	6	37	20	17	1	35	1	0	0
1960—1969	74	26	13	35	16	19	0	26	9	0	0
1970—1979	92	15	26	51	24	27	0	20	30	1	0
1980—1989	70	10	23	37	20	17	0	14	17	3	3
1990—1999	43	5	6	32	23	9	0	1	17	6	5
2000—2009	25	2	1	22	11	11	0	0	0	22	—
2010—2017	10	0	0	10	5	5	0	2	—	—	—

注：此数据是笔者2017年入户调查整理而来，湖北江汉A村是以传统农业种植为主的典型村落，具有代表性。

三、新型职业农民带动引领农村农业发展

在市场经济体制机制下，城镇化、工业化快速发展，提供大量工作岗位，农村优

[①] 陈锡文. 从农村改革四十年看乡村振兴战略的提出 [J]. 行政管理改革, 2018(04): 4-10.

质劳动力在追求利益最大化的过程中,大部分劳动力选择进城务工,导致农村出现人口老龄化、空心化问题。而在留村务农的小部分群体中,多为传统农民。虽然传统农民在农机装备和农业物资的帮助下,能够耕种经营家庭承包地,但生产成本较高,劳动效率较低。这与农民选择从事二、三产业相比,存在比较劣势。农村农业生产效率较低的现实,与未来农村实现农业现代化、农业产业化、城乡一体化等改革发展目标存在背离。而教育与培训发展新型职业农民,是通过提高人力资本,达到促进农村改革、帮助农民致富、推动农业增收的效果。这也是适应农业现代化、科技兴农和产业升级发展的需要。

乡村建设与发展的过程中,乡村能人往往总是具有较高的人力资本:受过良好的教育或专业的培训,知识面宽,社会关系比较广。由于知识渊博,他们自己善于科学生产、组织、经营和管理,容易创造出更多的劳动收益;又由于社会关系广泛,经贸合作往来频繁,买卖渠道开阔,集聚财富的能力也具有优势。鉴于此,乡村居民总是愿意推举他们当带头人,发挥带动效应,带领乡亲们发家致富。随着社会变迁和经济发展,乡村能人向城镇聚集推动了城镇的快速发展,而农村因缺乏优质劳动力,发展缓慢。从农村人口年龄结构来看,根据《中国人口统计年鉴》,2000 年,中国农村 65 岁以上人口占乡村人口比重为 7.35%,到 2016 年,该比重上升为 12.53%。从农民工人数占比来看,根据统计局数据,2019 年,乡村人口 55162 万人,农民工 29077 万人,其中外出 17425 万人,占乡村人口总数的 31.3%。农民工的年龄结构为:16~20 岁占比 2%,21~30 岁占比 23.1%,31~40 岁占比 25.5%,41~50 岁占比 24.8%,50 岁以上占比 24.6%。两组数据对比说明,中国进入 21 世纪以来,乡村人口老龄化问题呈逐年增长趋势,但并未出现农业劳动力全局老化的状态。

农村劳动力老龄化的过程可描述为农业劳动生产率一直低于第二、三产业,即务农收益低于务工收益,农村青壮年持续外流。农村青壮年劳动力的外流导致农村改革与发展缺乏动力源,进而深化了农村发展的困局。另一方面,随着农村人口减少和青壮年劳动力流入第二、三产业,为农村土地推行适度规模经营创造了条件,规模经营意味着规模收益,这为吸引或留住人才打下了基础。值得注意的是,高收益背后隐藏着高风险。如何利用科学种植、科学经营、科学管理来降低风险,确保农民的种植经营收益?近年来,政府加快落实以城带乡、以工促农的支农惠农富农政策,农村现代化基础设施建设,特别是水利建设已规划实施,农村农业生产经营的硬件基础已经成型,一部分青壮年群体在农业政策的鼓励下,带着资金、人员和技术回乡创业,正逐步形成乡村发展的亮点和特色。青年大学生邓村侬回辽宁铁岭老家创业，上联市场、下联果农，架起农民致富的桥梁：打造寒富苹果，建立仓储冷库。专业合作社从 16 户发展至 162 户，占地 2000 余亩。依托生产基地开发网络市场，日均订单 100 单，产品也拓展到大米和食用油，保障了老百姓舌尖上的安全。与阿里巴巴合作，建立农村淘宝项目，成立天猫店，打造农产品品牌，助推农业产业化发展。贵州天柱大学生创业：三门塘村王万章于 2017 年回家创业，养稻田鱼 20 亩，利益链接贫困户 4 户，户均分红 2500 元。2018 年养猪，出栏生猪 200 头，收入超 16 万元。示范带动 10 户村民种植西洋南瓜 20 亩、辣椒 30 亩，户均增收 1.6 万多元。白市镇阳山村的龙向海 2016 年大学毕业后，于 2018 年回乡种植茶油 850 亩，套种辣椒 30 亩、西瓜 30 亩，解决就业 100 多人，人均就业收入 3600 元 [①]。

四、农业产业结构转型升级需要新型职业农民

开展新型职业农民培育，提升了农民的文化素质、专业技术、科学管理水平和创新服务能力。新型职业农民的出现，将成为推进农业产业结构转型升级的主要动力源，并为拓展特色农业种植，农产品多元化发展奠定基础。传统农业种植一般由小农种植，由于经营粗放、土地分块且面积小、土地肥力不均衡等各种原因，具有生产成本高、劳动效率低、种植收益不理想的特点。新型职业农民则是一群有文化、懂技术、会经营的高素质人才，敢于创新采用农业科学技术，因地制宜，科学拓展农业种植技术和发展特色农作物耕种，不断改善农业种植结构和提高农村农业经营收入。目前，随着国家对新型职业农民培训力度的加大，全国农村实用人才总量将突破 2000 万人，其中新型职业农民超过 1500 万人，除了青壮年农民以外，还有农机大户、农村合作社带头人、家庭农场主等。新型职业农民在政府和农业科研机构的帮助下，其土地经营收益增长迅速、风险控制有效、发展较快稳定，进而在农村产生了辐射和带动作用。近邻村民会纷纷效仿学习，将科学种植技术、先进管理经验运用到农业生产中，实现全村农业经营增产增收。在新型职业农民的引领示范和带动下，农村经济逐渐富裕，农业经营变得具有吸引力。

从种植收益上看，经济作物的经营收入高于粮食种植，所以农户倾向于选择经济

---

① 摘录自"学习强国"APP"回乡创业"频道的人物事件报道。下同。

作物。但从粮食安全的角度，稳定粮食种植面积、藏粮于地是战略需要。因此，在市场经济和政府管制的双重作用下，粮食作物和经济作物在进攻与防守两种力量均衡发展的过程中，依比较优势逐步形成了地域分工格局。粮食播种主要集中在东北和平原地带，蔬菜和水果主要集中在南方。农业经营主体借助科研机构的力量，逐步提高经济作物的亩产量或品质，实现土地经营的增值，同时又可保障粮食播种面积。

特色农业种植需要科学的培育、播种、施肥、用水等精细化管理，新型农民即为推进乡村特色种植的主体。自国家推行乡村扫盲运动和普及义务教育以来，农村劳动力人均人力资本水平显著提高，并为国民经济的快速发展提供了基础和支撑。但要适应新型城镇化、工业现代化、农业现代化、信息现代化等四化同步，需要不断完善农村教育和新型农民培训机制体制。

第五节　农村农业基础设施不断夯实，奠定了农业产业化

农业现代化是驱动农村农业可持续发展的动力源。党的十八大会议中明确提出把城乡一体化作为解决"三农"问题的根本途径，城乡统筹协调发展，促进城镇化、工业化、农业现代化和信息化"四化"同步。随着城镇化和工业化的快速发展，在城市支持乡村、工业带动农业、多予少取的支农惠农政策下，农业现代化物质基础得到夯实。主要表现为：农业生产趋于稳定、农业物质技术逐步加强、农产品流通效率得到有效提高、农产品市场调控机制逐渐完善、食品安全水平提高。总体上，我国农业现代化水平比较低，而且区域发展不平衡。但农村农业基础设施的不断完善，为农业产业发展奠定了厚实的基础。

一、标准农田是推动规模化经营的基础条件

目前，随着城镇化和工业化不断纵深发展，农村人口大量转移外流，农村人口逐渐变少，农村劳动力通过流转承包土地，使得规模耕种土地成为可能。标准化农田是开展规模经营、提高规模生产效率的重要一环。标准化农田具有节约用水、用料、用肥的特点，是未来农业向现代化、产业化转型的必经之路。田网、路网、渠网"三网"基础设施建设，建成土成型、田成方、渠相连、路相通、旱能灌、涝能排、产量高、无污染的高标准农田，可提高农业综合生产能力。通过大规模、高标准、集中连片的

农田基础设施建设，整体改善了农村农业生产生活条件，大幅度提升了高标准农田的比重，对促进农业增收产生了积极作用，切实保障了农民的权益。

经国务院批准正式颁布实施的《全国土地整治规划（2011-2015 年）》提出：2015 年建成 2666.7 万 hm²、2020 年建成 5333.3 万 hm²。高标准农田建设使项目区农业基础设施和生产条件大大改善，抵御自然灾害的能力和土地产出率、收益率明显提高，建成了一批集中连片、旱涝保收、稳产高产、生态友好的高标准农田项目区。

二、农业机械化是推进农业现代化的有效途径

农机装备通过替代农民劳动力参与生产活动，达到提高劳动生产率的目标。在农村农业剩余劳动力较多的情况下，农机装备与劳动力是竞争关系；农村劳动力短缺时，农机装备与劳动力则为互补关系。随着城镇化和工业化的推进，农村人口大量流动致使农村劳动力短缺，农业装备成为农村农业生产的重要工具。农机装备的高效率为农业生产节省了大量劳动力和劳动时间，有效提高了农业生产整体效率，降低了农业生产受自然天气影响的程度。同时，也为农产品进入市场参与竞争赢得了时间。

农机装备是农村推进规模种植、开展农业现代化的保障。农业机械化可以实现农业规模生产，提高劳动生产效率，从而缩小一、二、三产业劳动生产率差距。农机装备的出现促进了生产力水平的不断提高，生产力水平的提高又进一步推动了农机装备的创新，在补充先进的农机设备的同时，又可以弥补农村劳动力之不足。

农机装备的使用量呈现逐年增长的趋势，说明农村农业生产与农机装备的关系越来越紧密。《国务院关于加快推进农业机械化和农机装备产业转型升级的指导意见》指出，我国农业机械化和农机产业装备发展不平衡、不充分的问题比较突出，特别是农机科技创新能力不强、部分农机装备有效供给不足、农机农艺结合不够紧密、农机作业基础设施建设滞后等问题亟待解决。

农业现代化基础的逐步建设和农机装备的广泛运用，使得农业生产效率得到有效提高，在劳动人口老龄化的情况下，农村农业生产并未受到影响，而且农机设备的高效率还为农民创造了更多的闲暇时间，可以外出兼业，获得务工工资，实现农村家庭的增收致富。

三、科技兴农是农村农业增产增收的重要手段

走科技兴农的农业现代化道路，是乡村农业可持续发展的必然选择。随着农村劳动力大量外流，农村劳动力主体呈现老龄化趋势，传统的农业生产方式无法满足人们对高质量农业产品的需求。2012 年中共中央、国务院印发涉农一号文件《关于加快推进农业科技创新持续增强农产品供给保障能力的若干意见》指出，实现农业持续稳定发展、长期确保农产品有效供给，根本出路在科技。文件强调要依靠科技创新驱动，引领支撑现代农业建设，从明确农业科技创新方向、突出农业科技创新重点、完善农业科技创新机制、改善农业科技创新条件、抓好种业科技创新等方面形成抓手。"一号文件"是"三农"工作的指导性文件，各地各级政府和部门都会遵照执行。随着科技兴农行动的展开，农业生产稳定发展，有条件的村庄逐步形成了自己的特色产业，比如北部的粮食、南部的蔬菜、西部的水果等，是因地制宜，科学规划，技术创新，不断发挥比较优势的结果。

科技是第一生产力。农业科技在农村农业从传统向现代转型改造的过程中，促进了农业增产增收。从全国的化肥使用量上看，改革开放以来呈现逐年增长的趋势，便可知晓农业科技带来的农业生产变革，尽管化肥的使用对于提高土地的效能具有递减规律，但深耕和多种肥料配合使用的科学指导保证了耕地的生产效率。农业生产经营的过程中，在科技力量的参与下，达到了提高劳动生产效率、增产增收的效果。同时，运用科技能够节省能源消耗、保护环境，实现了农村农业的绿色发展。

科学施肥，定时定量为农作物提供营养，促进作物增产。比如吉林白城，水肥一体化技术，节水节肥，省时省力，可提高经济效益，改善品质，保护环境，22 套设备，每套可灌溉 75 亩，共 110hm^2 土地。科学使用小型植保机，其工作效率是地面机械作业的 10~15 倍，是人工作业的 200~250 倍，可节省农药 15%~20%，减少污染，提高农产品质量安全，同时还解决了劳动力短缺和地面机械作业难等问题。省工省力，增收增产，效果特别明显。科学预防病虫害，提高粮食产量。洪北区农业科技推广中心的 14 万亩主产区在正常年份，病虫害造成作物减产可达 5%~10%，最高可达 30%~40%。科技兴农的力量在于不动用一兵一卒，便可以取得突破性胜利，确保农村农业增产增收。

四、乡村基础设施建设是乡村可持续发展的支撑

农村基础交通是实现农产品位移变化的主要工具和载体，便捷的路网、先进的装备和强有力的信息化手段有利于生产要素等资源的运输以及农副产品快速进入农产品市场，快速融入流通体系，抢占市场先机，获得收益。因此，乡村交通基础设施的发展水平影响着农村农业的生产与经营。

西方农业发展成功的经验证明，要实现传统自给性农业向现代商品化农业的转变，实现农业的现代化和可持续发展，必须要有强大的、发达的和完善的现代农业基础设施与之相配套。农村基础设施建设不仅能够通过对农业生产成本、生产效率及组织形式的影响，直接推动农业生产的发展，而且可为农村非农经济发展提供良好的物质技术条件，能够直接或间接增加农民收入，减轻农民贫困，提高农村社会福利水平（鞠晴江、庞敏，2005）[1]。

农村基础设施对农村经济都有显著的促进作用。农村道路、电力、通信和教育基础设施建设水平对于我国农业生产、非农生产以及农民人均收入均具有统计上的显著影响，基础设施发展在农业生产和非农业生产增长中都存在着规模经济效益（陈文科、林后春，2000）[2]。但是，随着城镇化和工业化的快速推进，全社会固定资产投资大部分都流向了城镇。在1981—2016年长达36年的时间里，从0.096万亿元增长到了60.6万亿元，平均年增长率达20%。值得注意的是，改革开放以来，我国城镇固定资产投资所占比例一直居高不下，从70%增长到了98%。特别是从1996年之后，城镇固定资产投资占比不断增大，几乎全部投资都放在了城镇，而乡村固定资产投资占比仅为2%。资本投资持续偏热城市，累计效应引起了城乡经济发展不平衡。

必须指出的是，农业现代化与新型城镇化相辅相成，彼此不可分离。如果没有新型城镇化创造条件、辐射带动，那么农业现代化就难以推进。同样，如果没有农业现代化的保障，那么新型城镇化也难以持续。

---

① 鞠晴江，庞敏. 基础设施对农村经济发展的作用机制分析 [J]. 经济体制改革,2005(04):89-92.
② 陈文科，林后春. 农业基础设施与可持续发展 [J]. 中国农村观察,2000(01):9-21，80.

第六节 缩小城乡差距，促进工农联动一体化发展

城乡收入差距是农村劳动力流动的主要动力。经济学家刘易斯的二元经济理论认为，发展中国家普遍存在两个部门：劳动生产率较高的城镇工业部门和劳动生产率较低的乡村农业部门，劳动力从生产率低的农业部门流向生产率较高的城镇部门，随着人口流动和经济发展，最终将从二元走向一元。美国学者 E.S.Lee 将人口从低收入部门流向高收入部门形象地总结为"推拉理论"。

从改革开放以来人口流动的趋势来看，城镇呈净流入状态，乡村则反之。此阶段人口流动的动力机制和影响机理可以用 Lee 的推拉理论、刘易斯二元经济理论解释，大部分学者都认为城市的高收入对乡村劳动力产生了吸引力，而乡村大量劳动力的剩余，对劳动力外出产生了推力。推拉作用形成合力，促成了乡村人口向城镇人口快速、稳定的流动。城镇的扩张也为乡村人口顺利就业和就地安家落户提供了制度保障。大量人口聚集城市就业创造了经济效益，推动着社会经济快速发展。同时，也造成了乡村空心化和城市的人满为患，公共服务资源紧张，社会问题不断涌现。农村大量青壮年劳动力流向城镇，但农业发展和粮食生产依然向好。可归结为几个方面：一是人口转移提高了农村劳动力生产效率，并为农业机械化打下了基础，创造了条件，同时缓解了农村劳动力的短缺。二是优质劳动力流失，阻碍了农业现代化进程，致使农业现代化与农村主体配置失衡，需要进一步创新机制。三是农村普及九年义务教育，农村人力资本水平得到普遍提高。较高的人力资本意味着学习和跟上时代变化的能力在不断提升，特别是外出务工的劳动力将外界的先进技术方法和管理理念带回农村，并付诸行动，进而推动农村经济向前发展，甚至有些农民工回乡创业，要实现农民工的双向流动，需要各级政府大力扶持乡村建设，筑巢引凤，吸引优质人才到农村工作。

一、城乡收入差距，引起劳动力弃农从工

在市场经济条件下，要素配置的一切左右力量中，是市场背后那只"无形的手"——价格或效益在发挥作用。在农村，缓慢增长的农产品价格或产量成为推动农村劳动力外流的消极因素，而节节攀升的非农务工工资，则形成了拉动农村劳动力外流的积极因素，用经典的推拉理论解释实属恰当。农村劳动力在比较优势下，选择进城务工与

留村务农之间的收益较大者，充分显示了小农理性意识。一旦经济理性冲破了禁锢乡村劳动力外流的思想束缚，乡村大部分劳动力将弃农从工。这便不难解释，20世纪末和21世纪初农村劳动力形成的进城"打工浪潮"。

根据统计局数据，2019年乡村人口55162万人，农民工29077万人，其中外出17425万人，占乡村人口总数的31.3%。从农民工群体的年龄结构看，16~20岁占比2%，21~30岁占比23.1%，31~40岁占比25.5%，41~50岁占比24.8%，50岁以上占比24.6%，这说明农民工全为农村年富力强的青壮年劳动力，而且这个群体在农村具有较高的人力资本，本应是推动农村建设与发展的主要力量。但由于城镇具有更多、更好的发展机会和空间，他们理性选择了进城打工。从农民工进城打工从业的流向上看，从事第一产业的占比为0.4%，从事第二产业的占比为48.6%（制造业27.4%，建筑业18.7%），从事第三产业的占比为51%（批发与零售业12%，交通运输、仓储和邮政业6.9%，住宿餐饮业6.9%，居民服务修理和其他服务业12.3%），可见进城农民工几乎都流入了第二、三产业，流入第一产业的只有0.4%。

城镇务工的高收益和留村务农的低收入形成了推动乡村劳动人口外流的推拉因素。笔者曾经在SH村选择具有相同属性的两个农村家庭进行调研，对比务农和务工行为选择的收益差异，发现即使是经验丰富的两口子每年经营10亩土地，每亩土地按每一季农作物产生1000元收益计，一年两季能挣得收入2万元。根据全国农村人均耕地面积不足1.35亩计算，传统精耕细作的家庭经营耕地达到10亩绝对是一个理想值。然而，从事非农工作的两口子每月工资纯收益就能超过0.6万元，一年少则6万~7万元，多则十几万元。从全国农村家庭可支配收入与农民工外出收益数据对比来看，收入差距十分明显（图3-1）。特别是1994年之后，农民外出务工日工资呈现一步一步上台阶的增长趋势，而小农出售农产品的价格则增长缓慢，而且经常会遭受市场打压，面临增产不增收的风险。尽管2006年以来，国家取消农业税，增加农业补贴，开展农村联合医保、社保，普及9年义务教育等扶农支农惠农工作，使得农村居民逐渐富裕，乡村经济逐渐繁荣，但农村吸引青年劳动力的能力依然较弱。

资料6：2015年12月在SH村调研，老伯关HT结合自身工作经历，推算出大工日工资在近30年间呈阶梯式向上增长：1980年约5元/天，1985年约10元/天，1990年约20元/天，1995年约50元/天，2000年约80元/天，2005年约120元/天，2008年约150元/天，2013年至今200~300元/天。

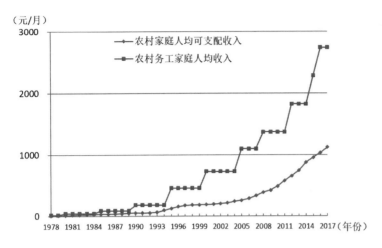

图 3-1 农村家庭务工和务农月收入对比趋势

二、生产要素配置失衡，城乡发展不均衡

由于城镇工业投资回报快，农业投资回报慢且风险高等原因，导致资本偏向于城镇、工业而非农村、农业。由柯布—道格拉斯生产函数可知，国民生产总量主要由投资、劳动力和创新三要素产生驱动力量，当投资的增长效应随时间逐步显现时，城市的经济增长速度要快于农村。

从固定资产投入看，改革开放初的 1981—2000 年，农村固定资产投资从 250 亿元上升到 6696 亿元，但农村固定资产投资占全社会固定资产投资份额不断下降，2000 年下降到 20.3%，比 1990 年降低了 7.6 个百分点（王德文、蔡昉，2003）[1]。进入新世纪后的 2003—2017 年共计 15 年的时间里，农林牧渔投资总量也呈现出逐年增长的趋势。2003 年农林牧渔总投资为 1652.3 亿元，占社会总投资的 2.48%；2017 年农林牧渔总投资为 20707.9 亿元，占社会总投资的 4.17%。从投资规模上看，2017 年投资较 2003 年增长 12.5 倍，投资比例增长了 1.69%。全社会投资总额从 1981 年的 0.096 万亿元增长到了 2017 年 60.6 万亿元，平均年增长率约为 20%。但是，值得注意的是，城镇固定资产投资占比一直居高不下，从 70% 增长到

---

① 王德文,蔡昉.宏观经济政策调整与农民增收[J].中国农村观察,2003(04):2-12,80.

了 98%。特别是 1996 年之后，城镇固定资产投资占比增速较快，这表明投资倾向了城镇而非农村。

从人口规模发展上看，乡村人口从 1978 年的 79014 万人增长到 1995 年的 85947 万人，然后开始下降，到 2017 年为 57661 万人。城镇人口规模在 1978 年仅为 17245 万人，2017 年达到了 81347 万人。其中 1978—1995 年间年均增长 1054.6 万人，1995—2017 年间年均增长 2098.8 万人。城镇化率从改革初期的 17.9%，上升到了 2017 年的 58.5%，年均增长超过了 1 个百分点。截至 2019 年，我国城镇化率达到了 60.6%。

城市的快速发展创造了大量的用工需求，吸引农村劳动力转移进城；劳动力等生产要素在城镇的集聚反过来又助推了城市经济的快速增长。改革开放以来，劳动力流动引起了农村内部、城乡之间、区域之间的有效配置，主要表现为三个阶段：第一阶段是农业劳动生产率提高，农村家庭存在剩余劳动力，外出务工主动寻求就业，形成了农村家庭内部分工，具有较高人力资本者外出务工，其他则留村务农。第二阶段是城镇化、工业化快速发展，吸引人口、资本等生产要素在城镇高度聚集，促进了劳动力在城乡之间的工农分工，劳动力就业选择从第一产业向第二、三产业转移，农村务农人员不断减少，并呈现出老龄化、空心化特征。第三阶段是产业在比较优势下发展形成区域分工格局，具有先发优势的沿海一线城市过渡到创新发展高新技术产业，形成了产业集群；中西部地区则承接制造、化工等传统工业的转移升级。由于现代高新产业与传统制造工业的劳动生产效率存在差异，具有较高人力资本的劳动力流向了东部沿海发达地区，形成了"强强联合"的马太效应。

三、城乡一体化发展，需要推动公共服务均等化

人口集聚城镇，促进了城市经济的繁荣与发展。农村剩余劳动力转移就业，反哺了乡村经济的繁荣。看似一切美好的背后，却是乡村劳动力外流加剧了农村人口老龄化、空心化，致使农村生活缺乏活力、农业经济发展缓慢、乡村社会问题不断涌现。

劳动力在城乡、区域之间的自由配置推动了中国经济的快速增长，但同时也带来了城市的拥挤和乡村的空心化。从经济理性的角度出发，引起资源流动与自由配置的主要原因是城乡差距，无论是投资者还是劳动者，收益最大化的目标函数通过"用脚投票"的方式，反映出了城乡部门之间的差距。为使农村劳动力的单向流动向双向流

动转变，国家一直在通过政策扶持，试图破解发展失衡的困局，缩小两部门差距，实现均等化发展。比如近年来积极推进新农村建设、农业现代化建设、乡村振兴计划等中长期规划，通过以城带乡、以工促农的方式反哺乡村和农业，旨在帮助乡村主体提高经济收入，加强农村基础设施建设，营造宜居环境，实现城乡均衡发展。

第七节 小结

快速城镇化和工业化浪潮下，以劳动力为主要生产要素的资源在城乡区域间的有效配置，促使乡村地域系统中的人地关系、生产方式、消费结构等发生转变。在社会经济快速发展的过程中，农村土地承包关系稳定，多种经营主体结合发展，集体经济的壮大和经营体系的逐步完善、农民就业渠道的宽广性和家庭经济收入结构的合理性、农村居民人力资本的不断提升和消费的多样化、农村基础的不断夯实和农业产业的萌发等支撑着乡村未来的建设与发展。当然，粗放式开发经营会造成资源的浪费和环境的破坏，在市场经济体制下，资源的自由配置引起了城乡发展失衡，人口流动带来了城市的拥挤和农村的空心化等不利因素。发挥有利条件的支撑作用，规避不利因素的影响，推动乡村经济与社会可持续发展。

小农经营依然是乡村农业的主体，是粮食安全、民生之本和国家稳定的基础，支撑着农村农业持续发展。城镇化和工业化为农村剩余劳动力创造了务工就业机会，优化了家庭经济收入结构，农村居民生活水平显著提高。农业经营体系的完善和经营主体的不断涌现，推进了农业增产、农民增收。农村人口人力资本的普遍提高和农村基础设施的不断完善，推动着农业健康可持续发展，为农村农业产业化奠定了厚实的基础。政府扶持的城乡一体化和工农联动正在逐步融合，区域差距虽然存在，但差距也在不断缩小。城镇化、工业化、农业现代化、信息化四化同步的战略规划，正在重塑乡村再造格局，理清农村发展模式，创新农业发展方式，顺应农民工回流，建设美丽乡村，实现乡村振兴实属可期。

第四章

乡村发展
主体空间异位的
社会经济影响

乡村发展的主体主要指人口和土地，其核心是人。改革开放之初，农村外出务工人员约 200 万，随着改革的深入和户籍制度的变革，人口资源潜力得到了释放，1989 年时农村外出务工人员增加到 3000 多万，10 年时间增长 10 倍。1990 年后，随着改革逐步深化，工业化、城镇化稳步推进，中国农村优质劳动力大规模跨区域转移[①]，并呈现出从中西部落后地区向东部沿海发达地区转移的特征。21 世纪以来，随着城镇化、工业化的快速发展，农村人口快速单向流入并落户城镇，成为城镇发展的主体。截至 2019 年，国民经济和社会发展统计公报数据显示，中国人口城镇化率达到 60.6%，土地非农化平均每年 300 万亩。改革开放 40 年间，人口和土地在不同时空的配置，已悄然发生改变。

政府引导的市场经济作用下，人口在城乡之间的理性选择带来了劳动力、土地、资本等要素在城镇空间的聚集，推动着城市经济的快速发展和乡村经济的逐步富裕。但同时，大城市变得拥挤、公共资源短缺等城市病也接踵而来；部分乡村由于青壮年劳动力人口过度外流而变得空空荡荡，老弱化、空心化、环境污损化等乡村病比比皆是，城乡一体化统筹发展面临挑战。

第一节　农村人口理性流动，农业劳动力非农化

伴随着城镇化、工业化的快速发展，生产要素等资源流向城镇，并在城镇聚集产生规模效益。从生产效率上看，第二、三产业比较劳动生产率高于第一产业，农村劳动力在追求利益最大化的过程中，因理性选择非农产业而流向城镇务工就业。人口等资源要素在城镇的聚集产生虹吸效应，吸引更多的农村劳动力进城务工，同时也带来了城镇的快速扩张。这一演变过程具体表现为人口和土地的非农化。

[①] 1993 年，农村劳动力外出就业数量达到 6200 万人，2006 年上升到 1.32 亿人，2008 年高达 1.4 亿人。

一、比较优势下劳动力弃农从工，农业生产方式发生转变

改革开放之初，劳动力流动的主要目的是解决农村剩余劳动力就业问题；进入21世纪后，劳动力流动是为了实现家庭经济收入的最大化，创收致富，过上高品质的现代化生活。这一过程的显著特征表现为劳动力从乡村单向流入城市，从农业持续转向非农产业。从城乡人口数量这一指标上看，根据统计年鉴数据，城镇人口不断增长，乡村人口渐渐减少。改革开放40年间，城镇人口从1.72亿人增长到8.13亿人，而乡村人口从7.90亿人减少到5.77亿人，人口总规模增长了4.27亿人，增长幅度达到了44.4%。大规模的人口增长伴随着大量的粮食等农业产品的消耗。再从第一产业从业人员规模演变趋势来看，1978年改革开放时，第一产业从业人员约2.83亿人，2017年第一产业从业人员为2.09亿人，历经40年改革，第一产业从业人员共减少了0.73亿人。虽然第一产业从业人员数量变化并不大，但考虑到全国人口总量基数，从结构占比上便可以发现：1978年第一产业从业人员占总就业人员的70.5%，2017年占比仅为27.0%。这说明，在全国就业总人口不断增长的情况下，第一产业从业人员占比呈现阶梯式下降（图4-1），改革开放40年来，城乡增长的劳动力几乎都流向了第二、三产业等非农产业就业。

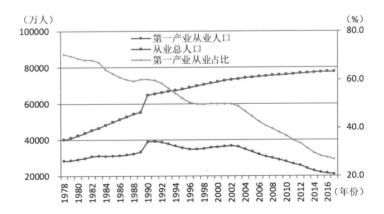

图 4-1 1978—2017 年第一从业人口数量和占比变化趋势图

农村劳动力从第一产业向第二、三产业转移，推动了农村经济的快速发展和农业生产方式的变革。具体可归纳为以下几个方面：

第一，家庭经济总收入增长。市场经济体制下，农村家庭依据人力资本高低选择留村务农或进城务工，以实现家庭经济收入最大化。这一经济理性的过程逐渐形成了农村劳动力在城乡之间的专业化分工格局。城镇化和工业化快速发展，为农民工进城务工提供了就业条件和基础。

第二，农业劳动生产效率获得提高。在耕地面积总量基本不变的情况下，农村劳动力减少，则人均耕地面积会增加，劳动生产率就会变相提升。农业劳动生产率的提高并没有留住外出务工的农民，其关键因素是市场经济体制下，进城务工的劳动收益高于留村务农的耕种收益。

第三，农业机械装备得到快速发展，弥补农村劳动力之不足。随着大量青壮年农村劳动力外出务工以及城镇化快速推进下的农民市民化，人口持续外流导致农村人口结构失调，老弱化现象明显，农村农业生产存在阶段性劳动力缺乏问题。为了应对农村劳动力老弱化引起的劳动力之不足，工业装备制造业生产了符合我国农村农业生产的农业机械装备，帮助农民生产。在粮食主产区，大量农机装备的广泛应用提高了农业劳动生产率，并为农业现代化奠定了基础和条件。

梳理人口流动政策后发现，计划经济时代和市场经济时代推行着两种截然不同的人口政策：前者是户籍制度，人为地让城乡人口分离；后者是改革开放，鼓励农村人口向城镇流动甚至落户。资源要素配置的一切左右力量中，是市场背后那只"无形的手"——价格或效益在发挥作用。在农村，缓慢增长的农产品价格或产量成为推动农村劳动力外流的消极因素，而节节攀升的非农务工工资，则形成了拉动农村劳动力外流的积极因素，用经典的推拉理论解释实属恰当。农村劳动力在比较优势下，选择务工与务农之间的收益最大者，充分显示了小农理性。由此可以解释20世纪90年代和21世纪初农村劳动力形成的外出进城"打工浪潮"。从内陆农村家庭收入上看，即使是年轻的两口子，每年可以经营10亩土地的传统农业种植，每亩土地按每一季农作物产生1000元收益计，一年两季只能挣得收入20000元。根据全国农村人均耕地面积1.38亩计算，一个家庭经营耕地10亩可谓比较理想的耕种面积。相比之下，从事非农工作，两口子每个月的工资收入就能超过6000元，一年收入至少70000元。更有些吃苦耐劳的家庭，能挣到100000元。务工与务农两种工作，只因地域空间不同，收入差距就十分明显，在以经济效益为重的年代里，比较优势鲜明。

从理论上讲，经济理论认为农村劳动力总是从收益递减的农业中脱离出来，进入效率较高的非农产业，以刘易斯、费景汉和拉尼斯的劳动力流动模型为代表，揭示了城乡二元经济结构是发展中国家经济增长的主要特征，并预测乡村人口会无限供给城镇部门，直到城乡两部门劳动生产达到平衡才会达到稳态。考虑到劳动力自身素质、迁移政策、工资水平、社会关系、家庭等因素的影响，基于托达罗模型分析可知，城乡收入差距越大，劳动力流动概率就越高（蔡昉、王德文，2003；程名望等，2006）[1][2]，城乡之间存在的收入差距是优质农业劳动力流动最关键和最主要的拉力（范晓非等，2013）[3]，但城乡收入差距与劳动力转移并非简单的线性关系（马轶群、崔伦刚，2018）[4]，收入差距与劳动力转移两者之间存在长期均衡关系（刘小翠，2007；朱云章，2009）[5][6]。由于不同区域的劳动力消费占比存在差异，城乡差距对劳动力流动的影响会减弱（李晓峰、李珊珊，2019）[7]。

根据柯布－道格拉斯生产函数，将影响社会生产总值的主要因素归结为三要素：劳动力、资本和技术创新。在社会发展的过程中，资本和技术创新保持不变的前提下，众多的人口孕育着旺盛的生产力，劳动力往哪里聚集，哪里就会快速发展；反之亦然。大量劳动力聚集在城镇，规模效应推动了城镇社会经济的迅速发展；乡村因人口渐渐减少，且优质劳动力缺乏，以至于农业创新和农业现代化推进缓慢与艰难。一切因人而起，合理规划、配置城乡要素，走科技兴农的农业现代化道路，方能引导劳动力在城乡之间双向流动，才能破解乡村人口单向流动发展之困局。

二、快速城镇化征用大量土地，农地大规模转向非农化

根据城乡二元经济理论的指引，城镇化、工业化战略是吸纳农村剩余劳动力就业的有效途径，也是推动社会经济快速增长的有效道路选择。国家推行改革开放，出台了一系列促进农村剩余劳动力转移就业、农民工就地落户、保障农民工权益的政策文件，旨在稳定农村剩余劳动力在城镇的生产生活。各级政府招商引资建新城、扩新区，

---

① 蔡昉，王德文.作为市场化的人口流动——第五次全国人口普查数据分析 [J]. 中国人口科学 ,2003(05):15–23.
② 程名望，史清华，徐剑侠.中国农村劳动力转移动因与障碍的一种解释 [J]. 经济研究 ,2006(04):68–78.
③ 范晓非，王千，高铁梅.预期城乡收入差距及其对我国农村劳动力转移的影响[J]. 数量经济技术经济研究 ,2013,30(07):20–35.
④ 马轶群，崔伦刚.经济不确定性、收入差距与劳动力转移 [J]. 江苏社会科学 ,2018(06):94–105.
⑤ 刘小翠.劳动力流动与城乡收入差距的协整分析 [J]. 温州大学学报 (社会科学版),2007(04):70–74.
⑥ 朱云章.我国城乡劳动力流动与收入差距的关系检验 [J]. 农业经济 ,2009(01):53–55.
⑦ 李晓峰，李珊珊.中国农业劳动力流动拉力重构及其效果分析 [J]. 经济经纬 ,2019,36(06):47–54.

建设住房和厂房，为城镇化和工业化的主体提供就业机会和居住场所。大量新城区的建设既推动了经济的快速增长，也缓解了老旧城区人口过多的压力，城镇人口总量迅猛增长。如前文所述，城镇人口从 1978 年的 1.72 亿人增长到了 8.13 亿人，增长达到 4.72 倍。大规模的人口增长除了需要农村农业提供大量的粮食等农副产品外，还需要居住及其相关的配套设施服务，比如生活超市、邮政银行、医疗服务、教育机构、公园广场等场所。这为城镇化顺理成章的扩城运动奠定了基础。

根据国家统计局可获得数据显示，2004—2018 年建成区面积从 30406.2km² 增长到了 58455.7km²，增长幅度达到 92.2%，15 年时间平均每年保持 6.1% 的增幅。每年新增征地面积 1632.7km²。城市人口密度从每平方公里 865 人增长到了 2546 人，几乎达到了 3 倍（表 4-1）。我国区域差异比较明显，东、中、西部区域城市的密度也不相同。按照胡焕庸线东密西疏的规律，沿海城市的密度大于中西部城市。城市人口密度持续增长，带来了交通拥挤、城市污染、公共服务持续紧张等诸多城市问题。

2004—2018 年全国城市建设基本情况表　　　　　表 4-1

年份	建成区面积 (km²)	城市建设用地面积 (km²)	征用土地面积 (km²)	城市人口密度（人 /km²）
2004	30406.2	30781.3	1612.6	865.0
2005	32520.7	29636.8	1263.5	870.2
2006	33659.8	31765.7	1396.5	2238.2
2007	35469.7	36351.7	1216.0	2104.0
2008	36295.3	39140.5	1344.6	2080.0
2009	38107.3	38726.9	1504.7	2147.0
2010	40058.0	39758.4	1641.6	2209.0
2011	43603.2	41860.6	1841.7	2228.0
2012	45565.8	45750.7	2161.5	2307.0
2013	47855.3	47108.5	1831.6	2362.0
2014	49772.6	49982.7	1475.9	2419.0
2015	52102.3	51584.1	1548.5	2399.0
2016	54331.5	52761.3	1713.6	2408.0
2017	56225.4	55155.5	1934.4	2477.0
2018	58455.7	56075.9	2003.7	2546.2

根据统计资料，各级政府的扩城运动造成了乡村平均每年流失耕地面积近 300 万亩。近年来，耕地流失造成超过 1 亿的农民失去土地，2.9 亿农民"离乡进城"。乡村人地分离、人口城乡双漂、社会矛盾突出，农村农业难以稳定发展，部分农民难以安居乐业（刘彦随，2018）[①]。尽管各级部门在征地后解决了部分农民的身份问题，

---

① 刘彦随 . 中国新时代城乡融合与乡村振兴 [J]. 地理学报 ,2018,73(04):637–650.

但农民是否有能力在城镇谋工作、能否真正融入城镇生活，依然是个现实难题。

耕地面积是保障粮食生产总量的前提条件，是粮食安全的基础，事关国家战略安全。为了应对人口持续增加对粮食的基本需要以及人民群众生活水平提高对食品消费需求的不断增长，中国政府提出必须保障 18 亿亩耕地红线。在 2013 年 12 月的中央经济工作会议上，明确提出确保粮食安全，坚守 18 亿亩耕地红线，到 2020 年，要解决约 1 亿进城常住的农业转移人口落户城镇、约 1 亿人口的城镇棚户区和城中村改造、约 1 亿人口在中西部地区的城镇化等问题，这都需要在推动新型城镇化的过程中，做好耕地保护和非农用地规划，防止局部区域过度城镇化，避免"空城"与"鬼城"的再度出现。

第二节 农村人口"空心化"，土地利用效率低下

城乡发展过程中，由于人口非农化的"人走楼空"和宅基地的"建新不拆旧"，造成了大量耕地被占用和土地资源的闲置浪费。对于人多地少的国情来说，既不利于农业集中连片的规模化生产，也不利于乡村的整体规划和未来发展。

一、农村建设用地空置率高，土地资源利用率低下

农村空心化从地理学的角度是指城乡转型发展进程中农村人口非农化引起"人走屋空"以及宅基地普遍"建新不拆旧"，新建住宅向外围扩展，导致村庄用地规模扩大、原宅基地闲置废弃加剧的一种不良演化过程（刘彦随等，2009；程连生等，2001）[1] [2]。农村空心化从经济学的角度是指农村人口迁移、劳动力资源转移所带来的"人口空心化"或"人才空心化"[3]。改革开放 40 年来的土地制度、户籍制度改革和市场经济转型，农村劳动力、资本等生产要素向非农部门转移，特别是城镇化背景下人口非农化、土地非农化、产业园区划大势而起以及农民家庭经济收入和生活水平的不断提高，使得农村空心化速度和规模、范围呈现增长的趋势。

中国经济体制改革促进了农村经济发展，先富起来的农民开始改善宜居环境：翻新住宅和新筑住房。在农民心里，搬进宽大的新房或小楼房是一代又一代农村人居家

---

① 刘彦随, 刘玉, 翟荣新. 中国农村空心化的地理学研究与整治实践 [J]. 地理学报 ,2009,64(10):1193–1202.

② 程连生, 冯文勇, 蒋立宏. 太原盆地东南部农村聚落空心化机理分析 [J]. 地理学报 ,2001(04):437–446.

③ 周祝平. 中国农村人口空心化及其挑战 [J]. 人口研究 ,2008(02):45–52.

致富的理想。如今，放眼中国社会主义新农村，处处可见新修的小洋房和联排别墅。这一现象足以说明，农村人的消费能力和幸福指数已经迈上了新的台阶和档次。但是，由于农村居民追求幸福生活的需求与现实发展不平衡、不充分存在矛盾，农村居民在城乡差距、区域差异的推拉下，像候鸟一样往返于城乡之间，饱受着工作地与居住地之间奔波之苦。

根据国家统计局 2017 年农民工监测调查报告，2017 年，乡村人口 57661 万人，农民工 28652 万人，占乡村总人口的 49.7%。其中在本地就业的人口约 11467 万人，外地就业人口约 17185 万人，跨省流动的人口约 7675 万人，省内流动的人口约 9510 万人[①]。外地就业的农民工人口分别占农民工总数、乡村总人口的 60%、29.8%，其中跨省流动的占比为 44.7%。这些监测数据客观说明，乡村人口约一半离开承包地从事非农生产，其中大部分农民选择外出就业，且每年超过 6 个月在外生产和生活。值得注意的是，外出就业的农民工，大多都是村里的优质劳动力，年龄以 18~50 岁为主。由于大量适龄劳动人口离乡进城，在外务工，翻新或新建的房屋只有小孩和老人居住，甚至无人居住。

当村庄人口外出率、宅基地空废率分别达到 40% 和 30% 时，乡村空心化加剧，产生大量空心村（刘彦随，2018；刘彦随等，2009）。城乡发展过程中，由于人口非农化的"人走楼空"和宅基地的"建新不拆旧"，造成了大量耕地被占用及土地资源的闲置浪费。陈连生等人曾在山西太原盆地东南部的太谷、祁县、平遥 3 县考察，观察到因聚落空心化所造成的土地资源浪费是相当严重的：一般每个聚落有 1.7km^2 以上的空置和废墟面积，最大可达 3km^2 以上[②]。全国有村庄聚落几十万个，空置和浪费的农村建设用地土地资源面积十分惊人。中国社科院农村所此前发布的《中国农村发展报告（2018）》显示，全国"空心村"闲置宅基地的综合整治潜力约有 1.14 亿亩。

值得注意的是，农民工离乡进城务工需要租住房屋，也挤占了城市住房资源。特别是当老一代农民工退出市场，新一代农民工成为主体时，新一代农民工普遍具有较高的人力资本，对生活目标的追求更高，而且长期租住在城市，更容易融入城镇生活。新生代农民工不完全以获得比较收益为目标，还将家人陪伴、居家环境、闲暇享受作为日常工作和生活所需，因此他们将自己的子女留在城市接受良好的教育，把父母接

---

① 农民工外地人口就业统计口径指在外工作 6 个月以上。
② 程连生，冯文勇，蒋立宏 . 太原盆地东南部农村聚落空心化机理分析 [J]. 地理学报 ,2001(04):437–446.

到身边帮忙照顾孩子。尽管城市的出租房与家乡农村新建住房的高大宽敞相比，显得稍微有些拥挤，但农民工生活目标的渐变，还是延长了农村新建住房空置的时间，造成了城乡建设用地在空间上的双重浪费，土地利用率低下。

二、宅基地闲置和新房建设的无序，影响了农村的整体规划与协调发展

空心化是城市化滞后于非农化的表现，是在迅速发展的村庄建设与落后的规划管理体制之间的矛盾下，村庄外围粗放而内部衰败的空间形态分异现象（龙花楼，2009）。改革开放以来，"两个大局"战略引导资本和人口向东部沿海城市集聚。要素集聚推动了东部沿海城市的快速发展，进而吸引了农村大量剩余劳动力。农村劳动力充分就业带来了乡村居民经济收入的逐年增长和生活水平的提高，村民在经济条件向好的情况下，新建住房或改善住房。

农村居民偏爱修建住房主要有以下几方面原因：一方面是出于老房子修筑年代久远的安全性考虑，需要修缮加固或者重建，这是满足现实需求；第二方面是住在宽敞明亮的房子里面，会让别人觉得自己很有颜面，满足心理需要；第三方面是自古有置业的习惯，占用更多的土地意味着拥有更多的资产和财富，满足虚荣心理；第四方面是城镇化、工业化快速扩展占地引起规划内房屋拆迁，农民可以获得一笔征地拆迁赔偿，满足侥幸心理。农村居民在"干中学""学中干"，小农意识与相互攀比的心理相互交错造成了部分农村房屋建设的乱序，特别是中西部穷困地区显得较为明显。

农村新房建设的乱序占据了农村大量建设用地，有些农村在无地可建的情况下，开始侵占耕地修建房屋，进而造成了耕地资源闲置和浪费。由于建房需要大量资金，农村家庭一般会积累收入多年，对于人多地少、人口相对比较密集的村镇，农村居民更愿意选择外出打工挣钱，然后回家修房。修房后的农村家庭青壮年劳动力来不及享受宽敞明亮的新房，为了家庭创收致富，依然选择外出打工。现实生活中，农民工为了省钱，蜗居在小小的出租房内。这种人地分离既造成了资源的双重浪费，也影响了农村的建设与发展。

从住房选址的角度看，农村新建住房选址一般遵从沿交通线并邻近宅基地布局，而农村交通线路两旁多为集中连片的耕地，新建住房面积相比宅基地越来越大不仅挤占耕地，造成了耕地流失，还破坏了邻近耕地的生态系统。部分宅基地的废弃不仅造

成了土地利用率低下，还影响了村容村貌。新建住房的扩展和宅基地的闲置废弃，造成土地空心化的同时，阻碍了农村土地集约节约。

农用土地，特别是耕地，不仅可以生产经营农牧种养，产生经济效益，更为重要的还是保障粮食安全的根本，我国 14 亿人口的口粮问题，需要充足的耕地面积方能得到强有力的支撑。所以，保护耕地种植面积和利用好耕地同样重要。在全国人口不断增长，农村人口，特别是青壮年人口不断减少，农村呈现"空心化"的情况下，中共中央、国务院在 2018 年印发了《乡村振兴战略规划（2018–2022 年）》，中央农办、农业农村部于 2019 年牵头制定了《关于统筹推进村庄规划工作的意见》以及自然资源部印发的《关于加强村庄规划促进乡村振兴的通知》，均对加强村庄规划和"空心化"治理提出了明确要求。村镇各级政府积极开展清理工作，落实村庄规划，加强农村住宅用地的监管，农村建设用地空心化和土地荒废才得到有效治理。据农业部数据，截至 2018 年底，各试点地区共腾退出零星、闲置的宅基地约 14 万户、8.4 万亩土地。

与农村空心化对应的是大量人口在城市集聚造成城市环境的恶化、"丰裕型"贫困的出现以及对城市安全稳定的影响。同时，农村青壮年劳动力等主力军较为缺失，制约了农村落后面貌的改善，牵制了社会主义新农村建设的发展速度。农村空心化也阻碍了城乡一体化的发展进程，城乡发展不平衡的矛盾加剧。农村人才的大量流失给农业生产造成了影响，由于主力军的缺失，农业不能推进科学种田，不能创新业态，甚至难以维持简单的农业生产，这将严重影响我国粮食的自给自足，最终将会引发"粮食安全"问题（刘祖云，2012；林孟清，2010）[1] [2]。

第三节　农村人口结构失衡，推动农业经营改革

城镇化、工业化快速发展，吸引大量农村青壮年劳动力转入城镇，致使农村出现空心化、老弱化等人口结构失衡现象。农村劳动力主体缺失造成农业生产动力不足，但农机设备迅速发展补位，替代了劳动力之不足，并为农业规模化、现代化经营创造了机会和条件。

---

①　刘祖云,武小龙.农村"空心化"问题研究:殊途而同归——基于研究文献的理论考察 [J].行政论坛,2012,19(04):82–88.
②　林孟清.推动乡村建设运动:治理农村空心化的正确选择 [J].中国特色社会主义研究,2010(05):83–87.

一、农村劳动力人口老弱化，人口结构失衡

农村青壮年劳动力持续、单向流入城镇，引起了农村人口结构失衡。其主要表现为城镇人口的过度聚集和农村常住人口的老弱化。市场经济体制下，由于城乡差距，农村青壮年在比较优势下，为追求家庭收入最大化而选择外出务工，留下了儿童、妇女和老人在农村务农或照顾家庭，学者形象地用"386199"[1] 来刻画农村生活常住人口的构成现状。根据《中国人口统计年鉴》，2000 年，中国农村 65 岁以上人口占乡村人口的比重为 7.35%，2016 年该比重上升了 12.53%，16 年间增长了 5.18 个百分点；而 2000 年，城镇 65 岁以上人口占城镇人口的比重为 6.3%，2016 年上升为 9.59%，增长了 3.29 个百分点；2000 年，农村老龄人口比重比城镇高出了 1.05 个百分点，2016 年则高出约 3 个百分点[2]。随着城镇化的快速推进，农村人口结构的老龄化现象也在日趋严重。

根据统计局数据，2019 年，乡村人口 55162 万人，农民工 29077 万人，其中外出 17425 万人，占乡村人口总数的 31.3%。农民工的年龄结构为：16~20 岁占比 2%，21~30 岁占比 23.1%，31~40 岁占比 25.5%，41~50 岁占比 24.8%，50 岁以上占比 24.6%，这说明农民工几乎全为年富力强的农村青壮年劳动力。再根据 2009—2019 年乡村人口和农民工数量变化趋势分析，乡村人口总数在 2009 年为 68938 万人，2019 年为 55162 万人，呈逐年减少的趋势；农民工人数在 2009 年为 22978 万人，2019 年为 29077 万人，呈逐年上升的趋势。两种趋势形成强烈对比，便不难得出：在乡村人口逐渐减少的情况下，乡村外出务工的青壮年劳动力人数却在逐年增长。如图 4-2，2009—2019 年近十年，乡村建设主体从农村流向城镇、从农业流向非农产业，造成了城乡人口结构的失衡，农村劳动力普遍存在老龄化、老弱化等问题。

在市场经济体制下，引起农村劳动力流动的主要原因是劳动生产率，尽管城镇化的快速发展成功地转移了农村大量剩余劳动力，为农业机械化和农业科技的发展创造了条件，并间接提高了农村农业劳动生产率，但中国农村人多地少，且耕地分散，区域差别大，优质耕地占比低于三分之一等不利因素，制约着农业现代化的推进速度和农业劳动生产效率的快速、大幅度的提高。从 1978—2017 年三次产业比较劳动生产率来看，第二、三产业的比较劳动生产率一直高于第一产业的比较劳动生产率（图 4-3），

---

① 杜鹏 . 聚焦"386199"现象关注农村留守家庭 [J]. 人口研究 ,2004(04):25-36.
② 2000 年的数据来源于 2001 年《中国人口统计年鉴》，2016 年的数据来源于 2017 年的《中国人口和就业统计年鉴》。

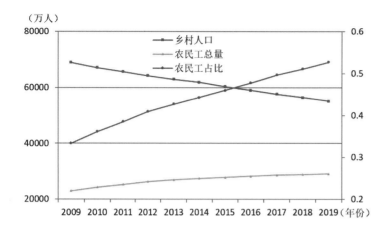

图4-2 乡村人口及农民工数量变化情况

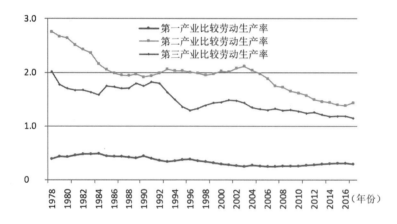

图4-3 三次产业比较劳动生产率走势

这说明投资主体选择第二、三产业的劳动效率是高于第一产业的，在比较优势的作用下，劳动力或企业等微观主体理性选择非农产业。第二、三产业集聚城镇，带来了城镇经济的快速增长；城镇经济的快速增长又吸引着更多的劳动力，从低效率的农村农业生产中排挤出来。城镇的高收益和乡村的低收益形成了推拉之力，双重作用引导劳动力进城离乡、从工弃农，形成了候鸟般的打工浪潮。

农村人口老龄化已经严重地影响到了农村和农业的可持续发展。针对农村劳动力老龄化影响农村农业生产的研究，因研究对象所处的区域不同，使用的分析方法各异，所得出的观点和结论也存在分歧。有些学者研究认为农村劳动力老龄化后无法适应新技术发展的要求和农业现代化发展的需要，在农业生产上存在劣势（李旻等，

2009）。在宏观层面，由于农村人口老龄化和劳动力转移导致农业投入不足，从而对农业生产产生负作用（陈锡文，2011）。在粮食产量方面，农村人口老龄化对粮食产量变化具有显著负向的影响，目前粮食产量保持稳定增长的主要原因是粮食播种面积和化肥施用量的增加以及劳动力、化肥和机械等要素之间的相互替代（魏君英、夏旺，2018）[①]。也有些学者研究认为，由于农民生产决策趋同和农业机械外包服务的普及，农村劳动力老龄化并没有较大程度地影响农业生产（胡雪枝等，2013；钱文荣，2010；周宏等，2014）。还有学者研究认为农村劳动力老龄化对农业生产的影响由于地形不同而存在明显差异：在平原地区，由于耕地适宜机械耕作，老年农户家庭会提高机械化程度较高的粮食作物比例；在丘陵山区，由于农业机械难以替代劳动力，老年农户家庭会提高经济效益较高的经济作物的种植比例（王善高、田旭，2018）[②]。

人口老龄化与城市化水平密切正相关。东部地区经济发达，城市化水平较高，人口老龄化程度也比较高；反之亦然。由于改革开放以来，农村青壮年由中西部欠发达农村地区向东部发达城市地区迁移，在一定程度上影响并重塑了人口老龄化水平的分布格局。大量的农村青壮年劳动人口从中西部地区流入东部地区，缓解了东部地区的人口老龄化，同时，加速了中西部地区的老龄化（王桂新，2015）[③]。

二、农村农业经营主体创新，弥补劳力之不足

农村劳动力在东、中、西部区域的有效配置，促进了城乡的快速发展，同时，由于劳动力流向的偏向，引起了区域差异和发展不平衡。生产要素在不同地域空间的聚集又进一步深化了区域差异。

改革开放之初，农村部门存在大量剩余劳动力，转移劳动力就业是当时的主要任务，也是发展中国家从二元经济走向一元经济需要解决的核心难题。由于国家资源紧缺，只能集中精力发展局部区域，逐渐形成增长极，然后以点带面向外扩散，这是符合当时国情的"两步走"发展战略。东部沿海城市获得先发优势，资本、劳动力、技术等生产要素的聚集推动了区域经济的快速增长。经济快速增长进一步吸引了农村青

[①] 魏君英,夏旺.农村人口老龄化对我国粮食产量变化的影响——基于粮食主产区面板数据的实证分析[J].农业技术经济,2018(12):41–52.

[②] 王善高,田旭.农村劳动力老龄化对农业生产的影响研究——基于耕地地形的实证分析[J].农业技术经济,2018(04):15–26.

[③] 王桂新.高度重视农村人口过快老龄化问题[J].探索与争鸣,2015(12):28–30.

壮年等优质劳动力，造成了农村人口的老弱化和人口结构失衡。农村空心化的实质是农村从业主体的老弱化，导致农业生产劳动力短缺和创新能力不足。

农村劳动力短缺为农业机械的发展创造了基础和条件。农业机械化等农机装备在农村的广泛应用有效弥补了农村劳动力的短缺，提高了农业生产效率，确保了农业种植和粮食生产的稳定供给。农业机械逐渐发展成为农村农业现代化的重要力量，并为农村土地规模化经营奠定了基础。特别是农村土地承包政策长久不变，人地关系逐渐松动、缓和，农村土地流转政策先行先试的探索下，部分地多人少的区域已经在各级政府和村集体的组织下，培育出了家庭农场、农业合作社、农业龙头企业等多种农业经营主体，以有效应对农村劳动力短缺和人口结构失衡的问题。家庭农场等经营主体可以承包土地 50~100 亩，主要依靠农业机械化、科技化、集约化、标准化和信息化等农业现代化手段，开展农业生产、组织、经营与管理，并创造规模收益。据第三次农业普查，2016 年我国流转耕地面积约为 3.9 亿亩，实际耕种的耕地面积约为 16.8 亿亩，流转耕地面积占实际耕种面积的 23.4%。虽然农村农业以小农经营占主导地位的格局并未发生根本性改变，但农村经营主体的多元化形式逐步被农民认可。

尽管乡村人口向城镇流动造成了乡村人口的老弱化和人口结构失衡，但通过创新农业耕种方式和发展经营主体，解决了农村农业存在的问题和困难。以小农经营为主，发展家庭农场、农业合作社等多种经营主体相结合的方式，在不改变土地承包性质的前提下，创新土地经营管理模式，不仅可防止农村农业土地荒废，有效使用土地面积，还提高了农业劳动生产效率。根据在江汉 A 村的调研数据统计，以农村家庭两口子务农为例，每亩地两季套种能收入 1000 元，当农村家庭经营的土地种植面积达到 50 亩时，农村家庭务农的收益将达到 5 万多元，这与外出务工的收益不相上下。此时的农业土地经营，将与第二、三产业对劳动力的吸引形成竞争态势。

根据世界银行 2016 年定义的高收入国家人均 GDP 为 40678 美元，农业劳动力比值仅为 3.1%，城市化率高达 81.4%。按照可以预期的经济增长速度，中国在 2022 年前后，按照不变价计算的人均 GDP 可达到 12600 美元，从国际劳工组织的估计来看，我国仍需大幅度减少农业劳动力，并大幅度提高城镇人口比重。由此可以推断，继续推动农村劳动力转移和人口城市化仍是中国走向现代化的必由之路（蔡昉，2017）[①]。

因此，在未来，随着城镇化、工业化和农业现代化的推进，城镇化率会继续升高

① 蔡昉 . 改革时期农业劳动力转移与重新配置 [J]. 中国农村经济 ,2017(10):2–12.

到 70% 以上，达到中等发达国家水平。届时，农村务农人口会减少，在农地面积总量保持不变的情况下，农村家庭可流转承包经营的土地面积将显著增加，继而衍生出家庭农场、农业合作社以及农业龙头企业为农业经营的主体，实现农业规模化生产和经营。在科技兴农的推动下，农业劳动生产率会得到较大提高，获得规模化生产效益，并与第二、三产业的比较劳动生产率趋同。由此将推动城乡一体化协同发展。

第四节　农村人口单向流动，区域发展差异深化

由于历史和制度的安排，农村青壮年优质劳动力在区域之间的有效配置，引创并深化了东、中、西部区域发展的差异。国家推进的城镇化、工业化发展战略，其主要目标是转移农村剩余劳动力，让劳动力充分就业，缩小城乡差距和区域差异，实现城乡一体、城乡统筹发展。但是，在市场经济体制下，劳动力、资本等生产要素自由配置具有非农偏向，聚集产生极化效应，引起城乡差距和区域差异。城镇因人口快速集聚，形成了东密西疏，大、中、小不同规模的城市集群，区域发展不平衡。区域自然禀赋差异和农村劳动力流动的逐利性，在市场机制的作用下，形成了劳动力从中西部落后地区流入东部发达地区的态势，造成了中西部地区高端人才缺乏、发展主体缺失等结构性失衡，阻碍了区域一体化协调发展。

一、农村劳动力跨区域配置，带来区域经济发展差异

劳动力流动有利于缩小城乡差距和地区差距，这是改革初期城乡二元经济结构体系背景下的普遍观点。农村劳动力转移是农民为打破二元经济社会结构、实现城乡一体化迈出的重要一步。数以亿计的农民在全国范围内的流动与配置，推动了中国经济持续增长，农民工在外务工获得比较收益，实现家庭内部工农分工专业化，充分就业提高了农村居民家庭经济总收入，进而缩小了城乡差距。农村劳动力在城乡部门之间的流动配置推动了社会经济的快速增长。有关研究资料表明，1979—1999 年的 20 年中，农业剩余劳动力向外转移对我国 GDP 增长的贡献率高达 15% 以上。外来农民工对沿海地区的经济增长做出了重大贡献：外来劳动力创造的 GDP 分别相当于北京GDP 总量的 32%、上海的 31%、广东的 30%、江苏的 11%、浙江的 17% 和福建的16.8%（孙自铎，2004）。从长远看，中国城乡二元结构只能通过农村劳动力和农村

人口向城镇转移而最终消除。劳动力流动具有收入增长效应和收入分配效应：农村劳动力向城市流动是中国经济发展过程中的必然要求，它对于农村内部收入增长和收入分配具有积极的影响，对于抑制城乡之间、地区之间甚至农村内部的收入差距的扩大，无疑会起到一般收入再分配政策无法替代的积极作用。通过农村劳动力流动这样一种劳动力市场化的过程，来修正经济发展过程中收入分配的不均等化，无疑是一种有效的合乎市场化要求的理性选择（李实，1999）[①]。

但是，随着农村人口持续向城镇转移，城乡收入差距将会随着城镇化水平的提高呈现先扩大、后缩小的走势，即城乡收入差距与城镇化率之间的倒"U"形关系（杨森平等，2015）[②]。然而，有关城镇化与城乡收入差距的相关性的研究在学界主要有三个观点：一是随着城镇化水平的提高，城乡收入差距缩小（陆铭、陈钊，2004 [③]；曹裕等，2010）[④]。其主要支撑理论是城镇化通过减少农村人口，间接推动了农村农民人均资源的增加和农业生产效率的提高，在促进城乡融合的同时，实现了城乡平衡发展。二是城镇化水平越高，城乡收入差距越大（贺建风、刘建平，2010 [⑤]；李尚蒲、罗必良，2012 [⑥]）。其主要理论依据是：农村青壮年优质劳动力追求收入最大化，理性选择离乡进城，弃农从工，城镇工业快速发展而乡村农业发展滞后，形成城进村衰不平衡的发展态势。三是城乡收入差距随城镇化率呈"先扩大，后缩小"的走势（周云波，2009）[⑦]。这是因为农村是城市发展的基础，城乡关系犹如车之两轮、鸟之双翼，不可分割，更不可偏颇。从政策层面采取城市扶持乡村、工业带动农业等支农惠农措施，促进农业增产和农民增收，达到缩小城乡收入差距的目标，推动城乡统筹协调融合发展。三种观点从不同的视角对特定时期得出的结论，缺乏宏观整体性。但农村剩余人口流入城镇就业获得务工工资，提高了农村居民可支配收入，同时又促进了城市经济的繁荣，这一点达成了统一共识。

[①] 李实. 中国农村劳动力流动与收入增长和分配 [J]. 中国社会科学,1999(02):16–33.

[②] 杨森平,唐芬芬,吴栩. 我国城乡收入差距与城镇化率的倒 U 关系研究 [J]. 管理评论,2015,27(11):3–10.

[③] 陆铭,陈钊. 城市化、城市倾向的经济政策与城乡收入差距 [J]. 经济研究,2004(06):50–58.

[④] 曹裕,陈晓红,马跃如. 城市化、城乡收入差距与经济增长——基于我国省级面板数据的实证研究 [J]. 统计研究,2010,27(03):29–36.

[⑤] 贺建风,刘建平. 城市化,对外开放与城乡收入差距——基于 VAR 模型的实证分析 [J]. 技术经济与管理研究,2010(04):16–19.

[⑥] 李尚蒲,罗必良. 城乡收入差距与城市化战略选择 [J]. 农业经济问题,2012,33(08):37–42.

[⑦] 周云波. 城市化、城乡差距以及全国居民总体收入差距的变动——收入差距倒 U 形假说的实证检验 [J]. 经济学（季刊）,2009,8(04):1239–1256.

二、农村劳动力单向流动制约了区域协调发展

中国数以亿计的农村劳动力从农村流向城市，从农业流向工业，这是理性的经济人选择，其目标是在农业与非农之间进行合理分工，追求家庭生产利益的最大化。我国城乡、工农公共基础条件和资源配置的不均衡，导致一、二、三产业之间存在较大的收入差距，该收入差距为劳动力流动提供了动力。在市场经济体制下，供需关系决定着生产要素在城乡之间的合理配置，劳动力自由流动的最终格局就是人口在城市和非农产业集聚，城市规模越来越大。

由于具有较高人力资本的劳动力偏于流向经济较发达的区域，农村劳动力在东中西区域集聚进一步深化了区域之间的差异。农村人口单向流入城镇，推动了城市经济的快速发展，同时也约束了产业升级和产业转移，影响着区域协调统筹发展。一方面，优质劳动力流入较发达的东部城镇，以低廉的劳动成本参与了国际竞争，获得了比较优势，有效推动了当地经济的快速发展与增长。但另一方面，随着生活水平的提高和劳动工资的逐步增长，城镇部门参与国际竞争促使产业不断升级，现有产业工人普遍较低的人力资本与现代化、高科技职能时代的需求存在供需矛盾，以至于形成了产业工人的"低不成高不就"困局以及企业和工人"双伤"的现状。

更为重要的是，部分青年农民工都不愿意回乡创业，更不愿意从事与农业相关的产业，内心将"农民"这个身份标签化为职业地位低下、不光鲜的层次。这种潜意识的思想固化造成了城市闲余劳动力不能在城乡之间双向流动，从而阻碍了区域协调发展。特别是传统产业向中西部地区转移后，中西部地区缺少较高人力资本的青年劳动力来带动和引领乡村社会和经济的发展。

第五节　小结

城镇化背景下的农村劳动力大规模转移聚集城市，推动了城市经济的迅猛增长和农村经济的不断繁荣。然而，随着城镇化进程的不断加快，农村中青年劳动人口持续单向涌向城镇，造成了城乡发展不平衡。乡村发展主体的空间异位带来了诸多社会经济影响，其主要表现为：人口和土地非农化，城进村衰凸显；农村宅基地闲置和新房建设的无序，致使农村土地资源利用率低下，同时也影响了乡村的整体规划与协调发展；农村农业劳动力老弱化，人口结构失衡，发展动能不足；资源配置的偏向制约了

区域协同联动发展。乡村发展主体空间异位严重地阻碍了乡村经济与社会的可持续发展，也制约着城乡一体化发展。

发展是解决城乡失衡矛盾的有效途径。通过多方位剖析乡村主体空间异位带来的社会经济影响，准确把握决定劳动力外流的主要因素，用动态和发展的理论分析问题。针对问题，可以从整体上合理规划乡村，做好功能布局，达到节约集约土地资源，推动农业现代化发展，不断提高劳动生产效率。在经济发展上，充分利用自然资源禀赋，因地制宜，发展特色产业，振兴乡村经济，推动乡村一、二、三产业融合发展，不断创造非农就业岗位，留住乡村发展主体；加大公共基础设施建设，建设美丽乡村、宜居乡村，城乡统筹发展吸引乡村主体回流，实现资源要素的双向流动，将带来乡村的再一次发展与繁荣。

第五章

乡村再造的
内源性动力和
外生驱动力

为了理清乡村再造的动力机制，通过统计寻找影响乡村建设与发展的关键因素和决定变量，准确把握乡村再造道路选择的约束条件和动力机制，甄别农村经济收入、农业产业发展、农民择业选择的影响因子。本文将从自然村、乡镇、省市三个层级的不同维度审视乡村再造的内源动力和外在驱动力，总结乡村建设与发展规律，为乡村再造的构建奠定理论基础。

2006 年，中共中央、国务院下发《关于推进社会主义新农村建设的若干意见》，全国各地开展新农村建设，云南省的一项重大工程是乡村信息化[①]，建设了省级网站 1 个，地级网站 16 个，县级网站 130 个，乡级网站 1348 个，行政村网站 13431 个，自然村网站 124206 个，主要包含自然资源、人口状况、经济基本情况、基础设施情况、文教卫生情况、社会保障情况、基层组织情况、农村经营管理情况、特色产业和发展重点共 10 个方面 155 个变量。本文结合实证研究和数据的可得性、完整性，对乡村的两个基本单元——"自然村和乡镇"展开剖析。村组层面的实证主要选取云南红河州建水县西庄镇 10 个村民委员会的 57 个自然村组，田野调查和资料收集形成了 2006—2016 年共 11 年的面板数据。乡镇层面的实证主要选取云南省保山市腾冲县 11 镇 7 乡共 221 个村（社区），田野调查和资料收集形成了 2006—2015 年共 10 年的面板数据。

第一节 乡村再造之特色小镇建设——自然村级数据为实证

一、村庄基本情况

云南省红河州建水县西庄镇地处北纬 23°38′55.14″，东经 102°45′55.65″，属亚热带气候区，气候温和，四季如春，年平均气温 18.3℃、降雨量 800mm。优越的地理条件和气候，适合发展特色农业种植。新农村建设以来，在稳定水稻、玉米等传统种植的情况下，重点发展烤烟、莲藕、柑橘、石榴、草莓、水蜜桃、小米辣等经济作物。目前，烤烟、特色蔬菜和水果种植已成为农业种植收入的主要支柱。

西庄镇位于建水县城以西，泸江河上游，东接临安镇、南庄镇，南连青龙镇，西

[①] http://www.ynszxc.net/S1/

邻石屏县坝心镇，北与甸尾乡相连，南北长度为 14.15km，国土总面积 148.24km²，其中林业用地 8.5 万亩，耕地 4.2 万亩。截至 2017 年，小镇共有 10 个村委会，57 个自然村，人口 34107 人，其中农业人口 32818 人，占总人口的 96.2%，居住着彝、傣、哈尼、壮等 15 个少数民族。西庄镇旅游资源也十分丰富，名胜古迹、人文景观众多，比如有国家级重点文物保护单位——双龙桥、入选 2006 年世界纪念性建筑遗产保护名录的团山民居群、黄龙寺风景区、"打响武装解放建水第一枪"的乡会桥起义旧址、谢家湾温泉等。

西庄镇矿产资源丰富，主要有煤、铅、锌、钛、黏土、石英石等，白家营村委会便依靠矿产资源，发展石料加工特色产业。镇内交通十分便利，蒙（自）宝（秀）铁路、国道 323 线、鸡石高速公路穿境而过，实现了村组通公路。便捷的交通设施为文旅产业对外开放、特色产业产品向外输送和劳动力在城乡之间自由配置奠定了基础和条件。

西庄镇共 10 个村委会，57 个自然村组，人口 34107 人，其中农业人口 32818 人，占总人口的 96.2%。农村家庭收入可以分为农业种植、畜牧业、林业、渔业、第二和第三产业收入、工资性收入、其他（含转移性、财产性收入）共 7 个部分。虽然自然村因自然禀赋条件存在差异，导致各部分占比也存在较大差异，但就农村总收入影响因素而言，存在共性。主要受到村庄地形地貌、土地种植面积、劳动力规模、人力资本、特色产业等因素影响。

二、变量选择和模型构建

农村收入是乡村发展的动力源，找准农村收入的影响因素，便能找到农村农民创收致富的途径。根据农村收入来源，可以确定影响农村家庭收入的主要变量有劳动力、耕地面积、林地面积、畜牧养殖数量等。由于生产率的不同，农村收入还与村落的地理条件、资源禀赋以及村民受教育程度等多方面的因素密切相关。为了检验这些因素与农村收入之间是否存在显著的关联性，将农村收入决定模型设定为（5-1）[①]：

$$Y_i = \alpha + \beta B_i + \varphi X_i + \varepsilon_i \tag{5-1}$$

其中，Y 表示农村总收入或人均纯收入；B 表示农村禀赋条件，具体可以分为三类：自然禀赋、人力资源禀赋、区位禀赋，有定性和定量两种变量；X 表示其他控制变量，

---

① 周靖祥，侯新烁. 内陆地区农村发展道路选择：以云南省师宗县为例的实证分析 [J]. 中国社会科学院研究生院学报，2014(06):30-40.

比如人均耕地面积、劳动力外出务工、城乡收入差距等方面的因素。具体计量方程设为：

$$inc=\alpha+\lambda_1 dummy\_sq+\lambda_2 dummy\_kc+\lambda_3 dummy\_tscy+\lambda_4 pop\_dx1+$$

$$\lambda_5 pop\_zx1+\lambda_6 pop\_xx1+\lambda_7 dist\_sta+\lambda_8 ave\_land+\lambda_9 p\_lab+\lambda_{10} p\_flu+\mu \qquad （5-2）$$

其中，解释变量为收入（inc）；被解释变量为人均耕地面积（ave_land）、农村总人口中劳动力占比（p_lab）、地理状况是否为山区（dummy_sq）、是否有矿产（dummy_kc）、是否有特色产业（dummy_tscy）；乡村人口中受过大学（pop_dx1）、中学（pop_zx1）、小学（pop_xx1）教育人口占比；与车站或码头的距离（dist_sta）、与农贸市场的距离（dist_mak）、与乡镇政府的距离（dist_town）（表5-1）。

被解释变量和主要解释变量一览表　　　　　　表5-1

变量类型（Var）		变量名称（Name）	变量代码（Code）	样本数量（Obs）	均值（Mean）	标准差（Std. Dev.）	最小值（Min）	最大值（Max）	变量描述（Mean）
被解释变量		农村总收入（万元）	inc	627	754.49	948.46	21.24	7943.41	农村收入包含农、林、牧、渔、第二和第三产业、工资和其他共7个部分
解释变量	自然资源禀赋	人均耕地面积（亩）	ave_land	627	1.52	1.90	0.46	3.75	—
		劳动力占总人口的比例	p_lab	627	0.59	0.09	0.33	0.86	农村劳动力数量占总人口的比例
		地理状况是否为山区	dummy_sq	627	0.40	0.48	0	1	山区和半山区取值"1"，坝区取值"0"
		是否有矿产	dummy_kc	627	0.74	0.44	0	1	村里有矿产取值"1"，否则取值"0"
		是否有特色产业	dummy_tscy	627	0.51	0.50	0	1	村里有特色产业取值"1"，否则取值"0"
	人力资源禀赋	受过大学教育的人口占比	pop_dx1	627	0.01	0.02	0.00	0.24	—
		受过中学教育的人口占比	pop_zx1	627	0.34	0.20	0.03	0.80	—
		受过小学教育的人口占比	pop_xx1	627	0.36	0.19	0.08	0.93	—
	区位禀赋	与车站或码头的距离（km）	dist_sta	627	3.38	4.36	0.00	15.00	—
		与农贸市场的距离（km）	dist_mak	627	5.39	5.56	0.00	15.00	—
		与乡镇政府的距离（km）	dist_town	627	8.89	8.30	1.00	30.00	—

三、实证结果及分析

（一）农村经济发展的动力源——因地制宜

一般而言，农村总收入可分为农业收入和非农收入两部分，农业收入主要包含农业种植、畜牧业、林业和渔业，非农收入是指除了农业收入之外的收入，主要包括第二和第三产业收入、工资性收入、转移性收入和财产性收入等。根据柯布—道格拉斯生产函数，在生产力水平一定的情况下，同一村庄农业种植收入的主要影响因素是人口数量和土地规模。非农收入的主要决定因素为参与第二、三产业的劳动力人数。为了便于分析，在构建方程式时，经济收入变量选用对数形式。由于样本数据为短面板数据，通过豪斯曼检验判定了固定效应和随机效应后，选用固定效应面板回归模型。由于部分定性变量采用了二值取值，此时便选用混合 OLS 回归模型估计方法，同时也可以验证其他主要变量与固定效应模型估计的相关性结果是否存在一致性。

实证结果显示，人口规模和耕地面积是影响农村收入的重要因素。在其他条件不变的情况下，村庄总收入与人口规模、耕地面积之间存在显著的正相关关系，由回归方程 1 可以看出，耕地面积的系数为 0.002，在 5% 水平上显著；人口规模的回归系数为 0.002，在 1% 水平上显著；人口规模增加 1 个单位，则收入提高 0.2%。值得注意的是，农村总收入与从事第一产业的人数之间存在显著的负相关关系，回归系数为 0.002，且在 1% 水平上显著，但是与从事第二、三产业的人数之间存在正相关关系，不显著。由此说明，在耕地面积不变的情况下，新增劳动人口从事第一产业工作的生产效率，低于从事第二、三产业的工作效率。从长期在外务工的劳动力这一变量来看，与农村总收入之间存在正相关关系，但不显著。这说明目前农村经济收入的增长主要依靠劳动力从事第二、三产业获得工资收入。从人力资本的角度看，村民具有大学、中学、小学文化程度的比例均值分别为 1%、34%、36%，未上学的村民比例为 29%。回归结果显示，村民中具有中学文化的比例越高，农村总收入越高。同理，使用混合 OLS 模型回归（详见方程 5），结果显示：人口规模和耕地面积与农村总收入之间存在显著的正相关关系；农村从事第一产业的劳动力规模与农村总收入之间存在显著的负相关关系；农村人口中接受过中学教育的比例越高，农村总收入也越高。混合回归结果与固定效应模型的结论基本一致。

在引入是否为山区、是否有矿产和是否有特色产业等二值虚拟变量之后，回归结果显示，地处山区或具有矿产资源的村庄，经济总收入偏低；而具有特色产业的村庄，经济总收入相对较高。这说明，农村经济的发展受到自然地理和资源环境的影响较大，地处山区的村庄，由于地形地貌等原因，耕地较分散而且贫瘠，加上交通基础设施相对落后，农村经济发展缓慢。但值得注意的是，随着村村通等基础设施的不断建设，部分年轻人外出进城务工，也有打工者返乡创业，在山区半山区开发规模化种植果林等特色产业，带领村庄创收致富。具有矿产资源的村庄，虽然有资源优势，但资源开采一般需要政府许可和企业投入资本和技术方能运营，除了获得一次性占地补偿外，并不能为村庄创造可持续的财富。

为了对比细分种植收入、第二和第三产业收入及工资收入的影响因素，我们同样采用以固定效应为主，混合 OLS 回归辅助的方式进行分析。对于种植收入，耕地面积的回归系数为 0.001（方程 2），不显著；从事第一产业的劳动力的回归系数为负，说明农村新增劳动力应流向第二、三产业，这将有利于农村经济增长；具有中学水平的人口比例越高，种植收入越高。混合 OLS 回归显示（方程 6）：地处山区或者具有矿产资源的村庄，种植收入较低；发展特色产业的村庄，种植收入较高。对于第二、三产业收入，具有小学文化水平的人口比例这一变量的回归系数为负，在 1% 置信区间显著，说明文化层次较低的村庄不适合从事第二、三产业，反之亦然。具有矿产的村庄，第二、三产业的收入相比较高，原因是村民可以参与矿石加工，获得工资收入。对于务工工资，各变量的显著性都不高，但混合回归结果显示，具有特色产业的村庄，务工工资较低（方程 8）（表 5-2）。

同一变量对不同经济收入渠道的影响不一样，农村经济的发展需要分门别类，因地制宜地发展特色产业、非农产业，发挥好九年义务教育战略方针。但总体上，人力资本禀赋较高的自然村，经济总收入也相应较高。自 2006 年 7 月实行《中华人民共和国义务教育法》，规定全国适龄儿童、少年依法享有平等接受九年义务教育的权利和义务以来，新农村建设在全国推行。农村推行九年义务教育为农村农业现代化发展和乡村振兴奠定了基础和条件，并为新型城镇化建设输送了高质量的人才。

变量	(1) 总收入（Lninc）	(2) 农业收入（lninc_pla）	(3) 第二、第三产业收入（lninc_indust）	(4) 工资收入（lninc_wage）	(5) 总收入（Lninc）	(6) 农业收入（lninc_pla）	(7) 第二、第三产业收入（lninc_indust）	(8) 工资收入（lninc_wage）
area_land	0.002**	0.001	0.013***	0.001	0.001***	0.002***	0.000	0.001***
	(0.001)	(0.001)	(0.002)	(0.002)	(0.000)	(0.000)	(0.000)	(0.000)
pop	0.002***	0.001	−0.001	−0.001	0.001***	0.001*	0.003***	0.002***
	(0.001)	(0.001)	(0.001)	(0.001)	(0.000)	(0.000)	(0.001)	(0.001)
pop_lab1	−0.002***	−0.001	−0.004**	−0.001	−0.002***	−0.002**	−0.004***	−0.005***
	(0.001)	(0.001)	(0.002)	(0.001)	(0.0006)	(0.001)	(0.001)	(0.001)
pop_lab23	0.001	0.001**	−0.001	0.001	−0.001	−0.002***	0.001	0.001
	(0.000)	(0.001)	(0.001)	(0.001)	(0.001)	(0.001)	(0.001)	(0.001)
pop_outl3	0.000	0.002***	−0.001**	−0.001**	0.000	0.001**	−0.002***	−0.001
	(0.000)	(0.000)	(0.001)	(0.001)	(0.000)	(0.001)	(0.001)	(0.001)
p_dx1	−0.719	−1.549	−1.741	−0.443	−2.417**	−5.624***	−0.937	2.803
	(1.088)	(1.465)	(2.137)	(1.901)	(1.126)	(1.599)	(2.362)	(2.137)
p_zx1	1.923***	1.723***	−0.088	−0.110	0.839***	0.660***	0.723***	1.032***
	(0.277)	(0.373)	(0.590)	(0.485)	(0.119)	(0.169)	(0.250)	(0.226)
p_xx1	−0.370	−0.296	−5.509***	−0.173	0.528***	0.421**	1.003***	0.926***
	(0.675)	(0.910)	(1.434)	(1.181)	(0.141)	(0.201)	(0.307)	(0.269)
dummy_sq					−0.804***	−0.568***	−1.718***	−0.767***
					(0.066)	(0.093)	(0.139)	(0.125)
dummy_kc					−0.314***	−0.850***	0.889***	−0.360***
					(0.062)	(0.088)	(0.131)	(0.117)
dummy_tscy					0.352***	0.331***	0.1000	−0.467***
					(0.048)	(0.068)	(0.101)	(0.091)
Constant	3.431***	3.215**	−1.330	3.165*	5.146***	4.339***	2.921***	2.002***
	(0.971)	(1.308)	(1.980)	(1.684)	(0.0968)	(0.138)	(0.203)	(0.184)
Observations	627	627	615	623	627	627	615	623
R−squared	0.127	0.079	0.130	0.016	0.717	0.594	0.617	0.486
Number of contery_1	57	57	57	57				

注：括号内为标准误差，*** 表示 $p < 0.01$，** 表示 $p < 0.05$，* 表示 $p < 0.1$

（二）农村劳动力流向选择——亦工亦农

农村收入在城镇化建设背景下，已经逐渐由单纯的、传统的农林牧渔向务工务农分工合作转型，收入变得多样化。根据配第一克拉克定律，随着人均收入水平的提高，劳动力逐渐从第一产业转向第二、三产业务工，以达到收入最大化的目标。

农村劳动力对于务农务工的选择行为，可归结为两种路径依赖：一种是禀赋依赖，表现为劳动力习惯了既有劳作方式，因为熟悉，所以惯用；另一种是经济理性，追求经济利益最大化的目标。前一种表现为无可奈何，只能顺从；后者则是具有改变现状的能力，多种形式相结合显现工农分工与合作。

检验农村最为基础的两个要素：人和地对农村劳动力选择务农还是务工的影响。回归结果显示：农村劳动力占比越高，则劳动力中从事非农产业的占比越高，且在 1% 置信区间显著；耕地面积与劳动力中从事非农产业的占比之间不存在显著的关系。实证结果表明，劳动力的挤出效应十分明显，而土地的拉力效应不明显。引入村庄经济总收入和城乡收入差距变量后，其与劳动力从事非农工作的占比之间也不存在显著的相关关系。由此说明，城乡收入差距并不影响本镇劳动力人口的流迁转移。

当继续引入农村人力资本变量后，回归结果显示：村庄常住人口中，大学文化水平占比和中学文化水平占比与劳动力从事非农产业的占比之间存在负相关关系，并在 1% 置信区间显著；而村庄人口中小学文化水平占比这一变量与农村劳动力从事非农产业的占比之间并不存在显著的相关关系。由此可见，文化水平较低的劳动力并不能自主选择务工或务农来改变生活。文化水平较高的村民，大多数也不愿意外出从事非农产业。可能的解释主要有两个方面：一方面是农村劳动力从事第二、三产业主要服务于工厂里简单的流水线、建筑工地及民宿、酒店、餐馆的服务员等技术含量较低的工种，这些工作对文化水平的要求不高，较容易学会，进入门槛较低，且工资收入不高。另一方面是文化层次较高的群体具有谋变的能力，可以充分借用自然禀赋挖掘林地、耕地的潜力，开发农业特色种植，比如种植生态水果、莲藕、烤烟等经济价值较高的作物。工业化和城镇化提供了大量的就业机会，吸引了一部分农村劳动力外出务工，耕地流转变得可行和容易。

在引入农村人口性别结构变量后，回归结果显示：农村人口中男性占比这一变量与劳动力从事非农产业存在负相关关系，且在 1% 置信区间显著。由此说明，农村男性主要从事农业产业，而女性则较多地进入非农产业。这显示了云南农村还保存着"男耕女织"的分工原则，只是从传统意义上的"男耕女织"转变为从事特色经济作物种植与就近从事服务业等二、三产业。在考察少数民族这一特征对劳动力务工或务农选择的影响时，发现少数民族人口占比与劳动力从事非农产业的占比之间存在正相关关系，且在 1% 置信区间显著。这说明少数民族集聚的地方更多地选择非农工作，比如具有民族特色的第二、三产业。这是新农村建设以来比较突出的文化现象，也是农村文旅不断成熟发展并走向兴旺的过程。

自然和资源禀赋条件对农村劳动力的务工务农选择具有较大影响。由于自然和资源条件变量是定性变量，基本上不随时间而变化，因此我们选用混合 OLS 模型回归。结果（方程 14）显示：地处山区的村庄与劳动力选择外出务工的占比之间存在正相关关系，在 1% 置信区间显著。具有矿产资源的村庄与劳动力务工的占比之间存在正相关关系，显著。可见地理条件和资源环境较差的村庄，劳动力呈流出状态，从事第二、三产业获得务工收益，形成工农分工联动格局。

农村发展特色产业是创收致富的重要道路选择，而且还对劳动力外流具有拉力。实证检验了是否发展特色产业这一定性变量与劳动力外流从事第二、三产业等非农产业的比例，回归结果为负相关，在 1% 置信区间显著。这说明开发了种养、加工等特色产业的村庄，劳动力外流从事第二、三产业等非农产业的占比较小。

对于村庄发展而言，在工业化和城镇化背景下，新农村建设过程已经由传统的小农经营逐渐过渡转向小规模经营，在市场机制的作用下，农村劳动力可以通过亦工亦农以及工农联动等多种方式相结合来发展、繁荣农村经济（表 5-3）。

农村劳动力中选择非农工作的比例作为被解释变量　　表 5-3

变量	(9) 劳动力选择非农工作占比 p_lab23	(10) 劳动力选择非农工作占比 p_lab23	(11) 劳动力选择非农工作占比 p_lab23	(12) 劳动力选择非农工作占比 p_lab23	(13) 劳动力选择非农工作占比 p_lab23	(14) 劳动力选择非农工作占比 p_lab23
p_lab	1.219***	1.122***	1.102***	1.100***	1.101***	0.676***
	(0.043)	(0.037)	(0.034)	(0.034)	(0.034)	(0.075)
area_landz	3.046*	1.269	0.982	0.888	0.914	−0.365***
	(1.737)	(1.477)	(1.340)	(1.341)	(1.341)	(0.115)
p_dx1		−1.120***	−0.877***	−0.876***	−0.870***	2.244***
		(0.153)	(0.140)	(0.140)	(0.140)	(0.295)
p_zx1		−0.573***	−0.439***	−0.440***	−0.436***	0.041
		(0.038)	(0.037)	(0.037)	(0.037)	(0.032)
p_xx1		0.0201	0.125	0.127	0.131	−0.147***
		(0.089)	(0.085)	(0.085)	(0.085)	(0.034)
p_xb			−1.202***	−1.181***	−1.189***	0.578***
			(0.134)	(0.134)	(0.135)	(0.133)
p_mz			1.453***	1.443***	1.454***	−0.334***
			(0.129)	(0.129)	(0.130)	(0.026)
incz				0.080	0.081	
				(0.058)	(0.058)	
d_cx					−0.002	
					(0.002)	
dummy_sq						0.110***

变量	(9) 劳动力选择非农工作占比 p_lab23	(10) 劳动力选择非农工作占比 p_lab23	(11) 劳动力选择非农工作占比 p_lab23	(12) 劳动力选择非农工作占比 p_lab23	(13) 劳动力选择非农工作占比 p_lab23	(14) 劳动力选择非农工作占比 p_lab23
						(0.021)
dummy_kc						0.080***
						(0.017)
dummy_tscy						−0.099***
						(0.013)
R−squared	0.582	0.717	0.770	0.771	0.771	0.425
Number of contery_1	57	57	57	57	57	

注：括号内为标准误差，*** 表示 p<0.01，** 表示 p<0.05，* 表示 p<0.1

（三）农村发展道路选择——工农结合

农业（农林牧渔）或者非农产业经济收入占比超过总收入的 50%，作为农村发展道路选择倾向，是本文的基本假设。模型 15 选用二值 logit 模型，其中选择农业为主，取值为"1"，否则取值为"0"。结果显示：农村人口规模越大的村庄，多以农业发展为主。随着外出从事第二、三产业的劳动力人口比例的上升，村庄也将由农业收入为主向非农产业收入为主转移。对于人口性别结构而言，男性越多的村庄，以农业为发展道路的倾向越大。就人力资本而言，较高的人力资本具有非农产业选择倾向。对于自然禀赋而言，地处山区半山区的村庄，发展选择倾向于农业。而具有矿产资源的村庄，则倾向于选择非农产业发展。由此说明，不同的自然禀赋，对应着不同的选择倾向（表5-4）。

	农村农业收入占比作为被解释变量			表5-4
变量	(15) 农业为主收入（p1）	(16) 农业收入占比 p_arg（q=0.2）	(17) 农业收入占比 p_arg（q=0.5）	(18) 农业收入占比 p_arg（q=0.8）
popz	20.31**	0.0303	−0.397	0.321
	(8.933)	(0.587)	(0.362)	(0.492)
area_landz	3.889	0.503	0.915**	−0.280
	(7.679)	(0.731)	(0.391)	(0.413)
p_lab	2.148	−0.239*	−0.126	0.183*
	(1.430)	(0.123)	(0.089)	(0.094)
p_lab23	−4.620***	−0.094	−0.247***	−0.305***
	(0.933)	(0.059)	(0.056)	(0.038)
p_xb	1.458**	0.097	0.093***	0.023
	(0.677)	(0.062)	(0.032)	(0.033)

变量	(15) 农业为主收入 （p1）	(16) 农业收入占比 p_arg（q=0.2）	(17) 农业收入占比 p_arg（q=0.5）	(18) 农业收入占比 p_arg（q=0.8）
p_mz	0.458	0.206***	0.208***	0.188***
	(0.595)	(0.045)	(0.058)	(0.036)
p_dx1	−113.1***	−1.459	−0.688	−1.242
	(20.70)	(0.896)	(0.941)	(1.204)
p_zx1	−1.023	−0.139**	−0.067	−0.261***
	(0.658)	(0.067)	(0.045)	(0.046)
p_xx1	−0.370	0.006	−0.010	−0.163**
	(0.699)	(0.055)	(0.067)	(0.069)
dummy_sq	0.184	−0.023	−0.020	0.014
	(0.405)	(0.061)	(0.052)	(0.027)
dummy_kc	−1.806***	−0.138***	−0.113***	−0.054***
	(0.379)	(0.030)	(0.024)	(0.021)
dummy_tscy	0.145	0.002	−0.011	0.013
	(0.286)	(0.025)	(0.022)	(0.014)
Constant	0.120	0.584***	0.648***	0.805***
	(0.992)	(0.113)	(0.062)	(0.057)
Observations	627	627	627	627

注：括号内为标准误差，*** 表示 $p<0.01$，** 表示 $p<0.05$，* 表示 $p<0.1$

所选样本村庄农业收入占比最小时为 9%，最大时为 100%，村庄之间存在较大差异性，为了较为准确地观察农村发展道路选择的影响因素，选用分位数回归。分别检验条件分位数为 0.2、0.5 和 0.8 时，农业收入占总收入比例的影响因素。观察系数变化，结果显示：对于农业收入占比居中层次的村庄，人口规模增长的影响相比两端较小，耕地面积的影响则明显较大；从事第二、三产业劳动的比例，随着农业收入占比越高，影响越大；人口性别结构对于农业收入占比居中的村庄影响较为显著；人力资本禀赋对农业收入占比分布在两端的村庄影响较大；矿产资源禀赋的影响，随着村庄之间农业占比越小，效应越大。

模型 19 ~ 模型 24 以农村种植业为比较对象，检验农村人口结构、人地关系、自然禀赋等要素对其他几种收入方式的影响。结果表明：人口规模较大的村庄，具有选择发展农业种植产业的倾向；耕地面积大的村庄，具有选择发展畜牧业，第二、三产业和外出务工的倾向；男性较多的村庄，具有选择农林牧渔等第一产业发展的倾向；人力资本较高的村庄，倾向于选择非农产业发展而非传统种植业；地处山区的村庄发展道路，相对于传统种植而言，要么选择林业、渔业，要么选择从事第二、三产业获得收入。而发展特色产业种植提高了林区的生产效率，也可以吸引劳动力从外出务工回流经济种植产业（表 5-5）。

变量	(19) 畜牧业收入与农业收入之比（Ani/plant）	(20) 渔业收入与农业收入之比（fish/plant）	(21) 林业收入与农业收入之比（wood/plant）	(22) 第二三产业收入与农业收入之比（indust/plant）	(23) 工资性收入与农业收入之比（wage/plant）	(24) 其他收入与农业收入之比（other/plant）
popz	−4.442	0.257***	0.397	−11.13	−3.922***	−0.308
	(3.414)	(0.0888)	(0.845)	(7.147)	(1.257)	(1.172)
area_landz	1.695	−0.273***	−1.305	4.075	4.605***	−0.119
	(3.684)	(0.0959)	(0.912)	(7.713)	(1.356)	(1.265)
p_lab	−0.680	−0.0410*	0.866***	−3.768**	−0.534	0.566*
	(0.904)	(0.0235)	(0.224)	(1.893)	(0.333)	(0.310)
p_lab23	1.514***	0.0124	−0.340***	4.120***	0.692***	0.289*
	(0.471)	(0.0123)	(0.117)	(0.986)	(0.173)	(0.162)
p_xb	−0.222	−0.0160*	−0.632***	0.0882	0.0343	−0.122
	(0.361)	(0.00938)	(0.0892)	(0.755)	(0.133)	(0.124)
p_mz	0.146	−0.00251	−0.343***	−1.637**	−0.512***	−0.0528
	(0.358)	(0.00931)	(0.0885)	(0.749)	(0.132)	(0.123)
p_dx1	2.277	0.144	−1.650*	14.63*	4.630***	−1.127
	(3.601)	(0.0937)	(0.891)	(7.538)	(1.326)	(1.236)
p_zx1	−0.365	−0.0185*	−0.357***	−0.404	0.154	−0.0315
	(0.375)	(0.00976)	(0.0929)	(0.786)	(0.138)	(0.129)
p_xx1	0.121	0.0465***	−0.167	0.515	0.0699	−0.0944
	(0.422)	(0.0110)	(0.104)	(0.884)	(0.155)	(0.145)
dummy_sq	−0.382	0.0183***	0.544***	0.151	0.204**	−0.117
	(0.256)	(0.00666)	(0.0633)	(0.536)	(0.0942)	(0.0879)
dummy_kc	0.268	0.0164***	0.158***	0.707*	0.0568	−0.00495
	(0.200)	(0.00520)	(0.0494)	(0.418)	(0.0735)	(0.0686)
dummy_tscy	0.102	−0.00368	0.0694*	0.0843	−0.106*	0.0357
	(0.159)	(0.00414)	(0.0394)	(0.333)	(0.0586)	(0.0547)
Constant	1.016*	0.0366**	0.362***	2.716**	0.324	0.105
	(0.551)	(0.0143)	(0.136)	(1.153)	(0.203)	(0.189)
Observations	627	627	627	627	627	627
R−squared	0.061	0.134	0.198	0.130	0.130	0.038

注：括号内为标准误差，*** 表示 $p<0.01$，** 表示 $p<0.05$，* 表示 $p<0.1$

四、结论和启示

通过提振农村经济探寻发展动力，结果发现农村经济受人口规模、耕地面积、人力资本以及自然资源、环境等多方面的综合影响，在城镇化背景下，人口规模越大、耕地面积越大的区域，农村总收入也越大。人力资本越高的区域，农村总收入也越大，且较高的人力资本更加适合从事第二、三产业。具有特色产业和地理区位优势的区域，经济收入较高。具有较高文化水平的农民适合从事第二、三产业，而文化水平较低的则更适合从事第一产业。因此，应充分发挥自然禀赋优势，因地制宜，分层、分级、分区规划农村生产与布局，合理引导农民根据比较优势进行工农选择。

农村劳动力的务工务农选择，文化水平较高的劳动力，具有更宽广的就业渠道，既可以务工也可以务农，而文化水平较低的劳动力，则只能选择第一产业等粗放型产业。由于三次产业之间存在差距，农村劳动力更愿意选择劳动生产率较高的第二、三产业。

乡村发展道路选择，以农业为主还是非农为主，主要影响因素是自然资源禀赋。矿产资源比较丰富的区域，以非农为主。地理区位比较偏远的山区半山区，更适合发展农业，特别是特色农业。人力资本较高的村庄，更倾向于选择非传统种植类。特色产业发展将是乡村发展的未来趋势，并带动一、二、三产业联动融合发展。

第二节 农村发展道路选择——以行政村级数据实证

一、县域基本情况

腾冲市隶属云南省，由保山市代管的县级市，位于云南省西南部，地处东经98°05'~98°45'、北纬24°38'~25°52'，辖区面积5845km²，辖11镇7乡，居住着汉、回、傣、傈僳等25个民族，常住人口64.25万人[①]。生态环境优越，年平均气温约15.1℃，降雨量1531mm，森林覆盖率73%，负氧离子平均含量为每立方厘米3827个，最高达38000多个，PM2.5常年小于10，称为"天然大氧吧"。腾冲旅游资源类型齐全、特色鲜明，拥有火山热海、和顺古镇、北海湿地、国殇墓园、

---

① 根据第七次人口普查数据，截至2020年11月1日零时，腾冲市常住人口为642481人。

滇西抗战纪念馆、银杏村、云峰山等一批核心景区。腾冲资源富集，金属、非金属矿储量丰富。腾冲区位优势突出，距省会昆明606km，距缅甸密支那200km，距印度雷多602km，境内有国家一类口岸——猴桥口岸，是中国陆路通向南亚、东南亚的重要门户。

2019年，腾冲市实现生产总值252.7亿元，增长10.7%；城镇、农村常住居民人均可支配收入为34428元、12512元，分别增长8.6%和10.8%；三次产业结构优化为18.6∶39.2∶42.2[①]。第一产业增加值占比较高，表明农业产业依然是腾冲社会与经济发展的重要支柱。近年来，腾冲不断巩固烟叶、茶叶种植等传统产业，创新和培育中药材和鲜花种植、加工等新型优势产业，打造世界一流"绿色食品牌"，成为"一县一业"中药材示范县，并入选国家第二批"农村产业融合发展示范园"。

二、实证结果及分析

采用腾冲市2006—2015年乡村建设与发展情况的连续观测数据，实证分析县域维度农村经济发展的动力。在上一节研究分析的基础上，保持变量的选择和模型的构建与乡镇维度相同，以便于观察乡村发展在其不同维度的异质性。

（一）农村经济发展的动力源

从自然资源禀赋层面探寻动力源。结果发现：①人均面积与农村总收入之间存在正相关关系，但不显著。②乡村是否地处山区与总收入高度正相关，说明样本地区地处山区的家庭经济收入结构更加合理。③是否有矿产与农村经济总收入呈负相关关系，但不显。由此说明，矿产较多的农村并不一定有利于经济发展。④特色产业与农村总收入之间存在高度正相关关系，并在1%置信区间显著。由此说明，特色产业的培育与发展是乡村经济可持续发展的动力源。

从人力资源禀赋层面探寻乡村发展动力。结果发现：①人口结构中大专及以上学历的占比与乡村经济收入之间存在高度正相关关系，说明在农村，存在人力资本越高，经济收入也越高的可能性。②人口结构中中学及以上学历的占比与农村经济收入之间存在显著正相关关系，而小学及以下的占比与农村经济收入之间的关系却是显著为负的。由此说明，普及教育能够帮助农村脱贫致富，能够实现乡村振兴。

---

① 《2020年腾冲市政府工作报告》。

从区位禀赋层面探寻发展动力。结果发现：①距离农贸集市越近的农村，经济收入越高。②距离镇政府越近的农村，经济收入越高。这为在人口较少的乡村推行中心村提供了成功的样本和经验（表5-6）。

农村经济收入作为被解释变量（lninc 表示农村总收入取对数） 表5-6

变量	(1) 总收入（lninc）	(2) 总收入（lninc）	(3) 总收入（lninc）	(4) 总收入（lninc）	(5) 总收入（lninc）
dummy_sq		0.591***			0.322**
		(0.160)			(0.145)
dummy_kc		−0.186			−0.209
		(0.178)			(0.170)
dummy_tscy		0.507***			0.419***
		(0.059)			(0.053)
ave_land	0.010				0.019
	(0.033)				(0.029)
p_lab	0.242**				−0.162
	(0.097)				(0.106)
pop_dx1			9.034***		7.959***
			(0.583)		(0.567)
pop_zx1			0.439***		0.430***
			(0.082)		(0.086)
pop_xx1			−0.742***		−0.565***
			(0.110)		(0.112)
dist_sta				0.034***	0.023***
				(0.007)	(0.007)
dist_mark				−0.044***	−0.041***
				(0.009)	(0.008)
dist_town				−0.061***	−0.047***
				(0.006)	(0.006)
Constant	6.980***	6.309***	7.013***	7.780***	7.076***
	(0.068)	(0.151)	(0.046)	(0.053)	(0.159)
Observations	2185	2185	2185	2185	2185
R−squared	0.003	0.043	0.147	0.085	0.234
Number of village_1	220	220	220	220	220

注：括号内为标准误差，*** 表示 $p<0.01$，** 表示 $p<0.05$，* 表示 $p<0.1$

（二）农村发展的道路选择

在经济学理性假设中，选择是目标函数效益最大化的结果，所以，农村发展道路选择可依据概率论。本节选用农业种植业为比较对象，考察其他类型收入与农业种植收入的占比受哪些因素的影响，以此来判断农村发展道路选择的战略决策。

观察自然禀赋，结果发现：地处山区和半山区的村庄，更愿意外出务工，获得工资收益。或者利用山多生态好，从事畜牧养殖，培育特色产业。

观察人力资本，结果发现：具有较高人力资本的农村，更愿意从事非种植业，比如经济林业、畜牧养殖等特色产业。而人力资本较低的农村，则倾向于选择传统种植业。

观察区位禀赋，结果发现：距离农贸市场较近的村庄，倾向于选择种植业，距离农贸市场较远的村庄，则更倾向于选择第二、三产业或者外出务工。距离政府较近的村庄，倾向于选择第二、三产业或者林业特色种植（表5-7）。

	非种植收入与种植收入的比值作为被解释变量				表 5-7
变量	(6) 畜牧业收入/农业种植收入	(7) 渔业收入/农业种植收入	(8) 林业收入/农业种植收入	(9) 第二三产业收入/农业种植收入	(10) 工资性收入/农业种植
ave_land	−0.027	−0.000	0.005	−0.132	−0.027
	(0.123)	(0.016)	(0.010)	(0.314)	(0.591)
p_lab	0.197	0.012	0.016	0.727	−0.054
	(0.443)	(0.058)	(0.037)	(1.131)	(2.127)
dummy_sq	0.019	−0.008	−0.005	−0.109	3.808
	(0.607)	(0.080)	(0.051)	(1.549)	(2.914)
dummy_kc	−0.083	−0.003	0.018	−0.053	−0.071
	(0.716)	(0.094)	(0.060)	(1.826)	(3.434)
dummy_tscy	−0.051	0.005	−0.016	0.076	−0.432
	(0.224)	(0.029)	(0.019)	(0.571)	(1.075)
pop_dx1	1.380	0.325	0.580***	6.344	−0.980
	(2.382)	(0.312)	(0.198)	(6.077)	(11.43)
pop_zx1	0.021	−0.003	0.015	−0.246	0.352
	(0.361)	(0.047)	(0.030)	(0.920)	(1.731)
pop_xx1	−0.189	−0.033	−0.052	−0.139	−0.192
	(0.468)	(0.061)	(0.039)	(1.195)	(2.247)
dist_sta	−0.001	−0.000	0.004*	−0.019	−0.000
	(0.027)	(0.004)	(0.002)	(0.0700)	(0.132)
dist_mark	−0.012	0.001	−0.005*	0.0192	0.000
	(0.034)	(0.005)	(0.003)	(0.0876)	(0.165)
dist_town	−0.007	0.000	−0.006***	−0.114*	−0.027
	(0.024)	(0.003)	(0.002)	(0.060)	(0.113)
Constant	0.852	0.033	0.310***	2.040	−2.167
	(0.667)	(0.087)	(0.055)	(1.702)	(3.200)
Observations	2,185	2,185	2,185	2,185	2,185
R−squared	0.001	0.001	0.018	0.004	0.001
Number of village_1	220	220	220	220	220

注：括号内为标准误差，*** 表示 $p<0.01$，** 表示 $p<0.05$，* 表示 $p<0.1$

三、结论和启示

通过观察禀赋条件对农村道路选择的影响，不难得到以下结论：第一是农村自然禀赋对农村总收入具有决定性作用，农村具有的禀赋差异是农村总收入差距的主要原因。第二是在从事农业或非农业种植的意愿选择上，农村所处的山区、半山区和坝区具有不同的特点，山区和半山区更愿意选择非种植业和非农产业。第三是在农村发展路径选择方面，禀赋条件的确存在约束性影响和诱导性作用。地域面积较大的农村，倾向于选择发展经济作物或畜牧业；丰裕的劳动力供给会降低农民选择经济作物种植或从事畜牧业的概率，与车站的近邻性会提高农村选择经济作物种植的可能性。

破解农村问题的根本出路在于"顺势而为"，适应农村发展变迁的劳动力、物质资本和土地优化配比的政策才能卓有成效[①]。

第三节 乡村劳动力流动转移研究——1978—2016 年省际面板数据

改革开放以来，中国劳动力流动呈现出从农村向城镇流动、从农业向非农业流动、从中西部向东南部流动的特征，带来了劳动力等生产要素在全国范围内的重新配置：从低生产率的部门向高生产率的部门转移、从产业低端向产业高端转移，促进了平均劳动生产率的不断提高[②]，推动了产业结构的融合发展，形成了地区产业结构梯度差异的新格局。

一、劳动力流动转移带来产业新格局

（一）劳动力从农业单向流入非农业，从业结构逐渐优化

在农村经济体制改革和市场机制的作用下，制约劳动力流动的障碍被清除，劳动力在农业与非农业间、乡村与城镇之间流动配置。这一过程由两方面的力量产

① 周靖祥,侯新烁.内陆地区农村发展道路选择:以云南省师宗县为例的实证分析[J].中国社会科学院研究生院学报,2014(06):30-40.
② 蔡昉.中国劳动力市场发育与就业变化[J].经济研究,2007(07):4-14,22.

生作用：一是农村践行土地改革，农业生产积极性得到释放，农业劳动生产率显著提高而产生大量剩余劳动力，此为劳动力流动的推力；二是城镇的非农产业，相比农业生产有较高的劳动生产率，两者之间存在差距，此为劳动力从低效率的农业部门向高效率的非农部门流动的拉力。推拉两种力量共同作用形成合力，引起劳动力从农业向非农产业、从乡村向城镇的流动。大量劳动力在非农产业就业改变了中国以农业就业为主的传统就业结构。从城乡就业人员规模的变化趋势来看，改革初期，乡村从业人员从 3 亿增长到 4.8 亿，在持续稳定了 10 年之后，开始缓慢下降；城镇从业人员则保持逐年增长，增速略呈扩大趋势，并于 2013 年超过乡村从业人员（图 5-1）。再由全国三次产业从业结构变化可知：1978 年，第一产业从业人员占比为 70.5%，第二、三产业占比为 29.5%；到 2017 年底，第一产业从业人员占比仅为 27%，第二、三产业从业人员占比却为 73%，从业结构呈现出前后倒置的态势（图 5-2）。尽管中国依然有大量的劳动力从事农业生产，但以传统农业生产为主的就业结构已发生彻底转变，进入以非农就业生产为主的新兴发展中国家行列。

（二）劳动力在产业之间流动，生产率差距变小

劳动力在产业之间的流动，主要受到产业之间劳动生产率差异的影响和驱动。从经济理性人行为选择的视角分析，劳动者在一般情况下会追求效益最大化，在遵从比较优势的前提下，从劳动生产率较低的部门流向劳动生产率高的部门，这符合经济学的逻辑。从国民经济增长的宏观角度看，根据国际一般经验，由于劳动生产率的差异，第一产业的偏离度为负值[①]，第二、三产业的偏离度为正值，随着人均收入水平的提高，三产结构偏离度会逐渐收敛于零，这说明劳动力从第一产业流向第二、三产业，三次产业劳动力与产值之间会走向均衡[②]。在改革开放之初，农业从业人员比重较大，第一产业偏离度为负值，说明有大量剩余劳动力需要转移出去。如图 5-3 所示，对比 1978—2017 年三次产业结构偏离度，第一产业为负值，且略有扩大偏离之势，说明第一产业的劳动生产率相比第二、三产业依然较低，还有提升空间，第二、三产业的偏离度为正值，总体呈下降趋势，逐渐向零值靠近，这表明二、三产业在吸收了第一产业剩余劳动力之后，其结构偏离度得到不断优化。用泰尔指数来衡量三次产业结

---

① 产业偏离度是指某产业产值所占比重与劳动力所占比重之比的对数。
② 西蒙·库兹涅茨.各国的经济增长：总产值和生产结构[M].北京：商务印书馆，1985.

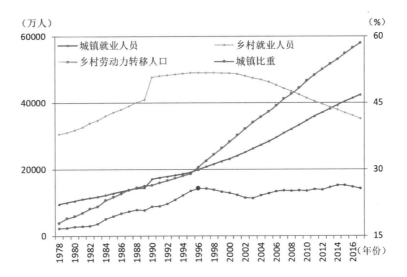

图 5-1 农村劳动力转移人口及城镇化率

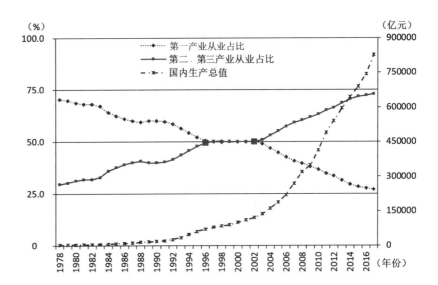

图 5-2 全国劳动力从业结构和国内生产总值变化

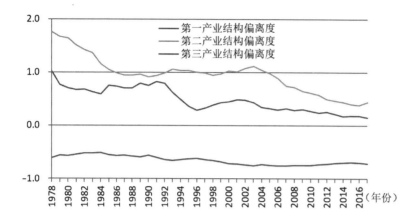

图 5-3 三次产业结构偏离度时序图

图 5-4 三次产业泰尔指数发展曲线

构的内部差距 [①]，发现从改革开放以来，总体上呈现缩小的趋势，其运行轨迹表现为略向下倾斜的"S"形（图 5-4），由此表明，随着第一产业剩余劳动力顺利流入第二、三产业就业，全国范围内三次产业之间的劳动生产率差距在波动中不断缩小直至融合，数据详见表 5-8。

---

① 构建衡量三次产业比较生产率差距的熵标准——"泰尔指数"，1967 年泰尔（Theil）运用信息理论提出一个可以按照加法分解的不平等系数，该系数可以满足达尔顿—庇古（Dalton-Pigou）转移支付准则以及人口和收入均质性等所有条件（Shorrocks，1987）。该指数具有把整体差异划分成组内与组间差异的特性，被广泛用于区域整体差异以及区域内部差异的研究。

年份	农村劳动力转移程度(%)	第一产业结构偏离度	第二产业结构偏离度	第三产业结构偏离度	泰尔指数
1978	7.6	−0.61	1.76	1.02	0.398
1979	7.7	−0.56	1.67	0.77	0.337
1980	8.5	−0.57	1.64	0.71	0.336
1981	8.9	−0.54	1.51	0.67	0.297
1982	8.9	−0.52	1.42	0.68	0.272
1983	10.2	−0.51	1.37	0.63	0.259
1984	14.2	−0.51	1.16	0.59	0.225
1985	16.0	−0.55	1.05	0.75	0.247
1986	17.7	−0.56	0.99	0.74	0.243
1987	18.8	−0.56	0.95	0.71	0.235
1988	19.5	−0.57	0.95	0.71	0.241
1989	18.8	−0.59	0.96	0.80	0.261
1990	18.4	−0.56	0.92	0.75	0.232
1991	18.6	−0.60	0.94	0.82	0.263
1992	19.9	−0.64	0.99	0.80	0.289
1993	22.4	−0.66	1.06	0.63	0.295
1994	24.9	−0.64	1.03	0.49	0.266
1995	27.5	−0.62	1.03	0.36	0.242
1996	29.0	−0.62	1.00	0.29	0.228
1997	29.0	−0.64	0.99	0.33	0.239
1998	28.2	−0.66	0.95	0.39	0.244
1999	27.0	−0.68	0.97	0.43	0.264
2000	26.3	−0.71	1.02	0.45	0.288
2001	25.2	−0.72	1.01	0.49	0.298
2002	23.9	−0.73	1.08	0.48	0.314
2003	23.8	−0.75	1.11	0.43	0.322
2004	25.8	−0.72	1.04	0.35	0.283
2005	27.7	−0.74	0.98	0.32	0.277
2006	29.6	−0.75	0.89	0.30	0.264
2007	30.7	−0.75	0.75	0.32	0.240
2008	31.1	−0.74	0.73	0.29	0.226
2009	32.0	−0.74	0.65	0.30	0.213
2010	32.6	−0.74	0.62	0.27	0.201
2011	34.3	−0.73	0.57	0.24	0.181
2012	34.9	−0.72	0.49	0.26	0.165
2013	37.6	−0.70	0.46	0.21	0.144
2014	39.9	−0.69	0.44	0.18	0.129
2015	40.8	−0.69	0.40	0.18	0.119
2016	40.6	−0.69	0.38	0.19	0.117
2017	40.5	−0.71	0.44	0.15	0.122

（三）劳动力跨区域配置，形成东中西梯度差异格局

改革开放推行"两个大局"发展战略规划，让一部分地区先发展起来，再带动另一部分发展，为区域产业差异格局的形成埋下了根基。东部沿海地区凭借地理区位、自然禀赋和社会经济发展基础等优势获得国家对外开放政策的支持，积极参与国际产业分工，乡镇企业、合资企业、民营企业等迅速发展起来，对劳动力有巨大的需求。当本地劳动力无法满足时，较高工资收入的拉力吸引了本地农村劳动力和中西部地区优质劳动力流向东部沿海等城市。优质劳动力和资本等生产要素在东部区域集聚产生规模效应和循环积累效应，推动了东部地区经济快速发展和产业结构不断升级优化。中西部区域在剩余劳动力顺利转出就业后，失衡的就业结构也逐步得到缓解。随着外出务工收入逐渐回流，中西部家庭人均收入水平也在逐渐提高。由于高素质的青年劳动力和大量资本等资源聚集在优先发展的东部区域，产业更新和结构升级也更具优势，继而形成了"东高西低"的区域产业结构梯度差异格局（图5-5）。以北京、上海、天津、广东、山东等为代表的东部地区，三次产业结构差距普遍较小（图5-6）[1]。以内蒙古、宁夏、云南、贵州等为代表的西部地区，三次产业结构差距则相对较大。值得注意的是，经济相对落后的青海、西藏，指数也较小。合理的解释是此部分区域地广人稀，经济不够发达，三次产业劳动生产率差距较小，区域内部处于三产均衡发展的态势。虽然，东、中、西各区域三次产业结构存在差异，但从整体运行趋势来看，却保持着一致性。

毛泽东同志在《论十大关系》中辩证论述农业、轻工业和重工业之间的关系时，指出适当调整结构是为了更好地发展农业，但不改变以重工业为重点建设的方向，而且强调，适当调整投资结构让农业发展好起来，才能更好地支持工业发展，实现国家经济长期繁荣与社会稳定。同理，改革开放以来的三次产业结构的调整和优化，使得社会经济体制发生了转变，但其目的依然是更好地发展社会经济，并不改变以第二、三产业为重心的原则。产业结构的形成与延续归根于产业结构自身的力量，受资源禀赋、人口结构、城乡发展水平以及国际社会形态等多种因素的约束，是多方力量综合作用均衡的结果。

---

[1] 但东部区域内部也存在三次产业劳动生产率差距较小的省份，比如河北。

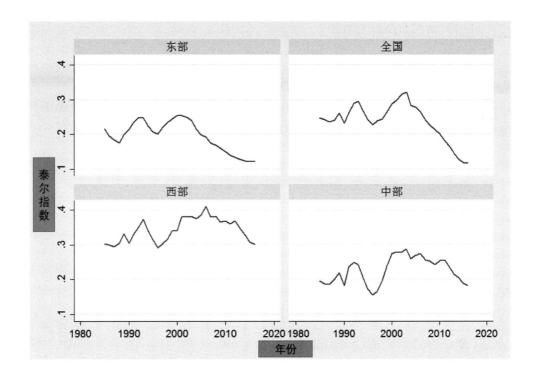

图 5-5 东、中、西部及全国三次产业结构泰尔指数

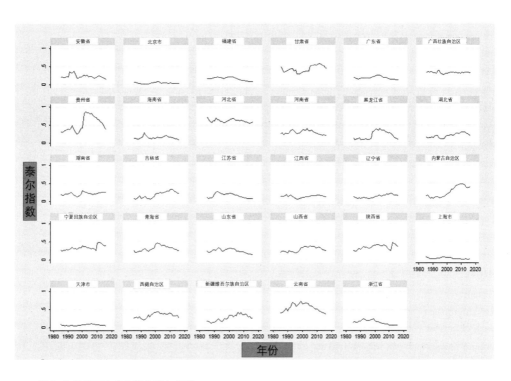

图 5-6 各省三次产业结构泰尔指数

二、指标选择和模型构建

（一）指标计算方法

"农村劳动力转移程度"即"农村劳动力转移率"，是指农村劳动力中选择从事第二、三产业（即非农产业）的劳动力规模份额。该值表示农村劳动力弃农从工的现实意愿。具体公式如式（5-3），C 表示农村劳动力务工选择转移程度，L_r 表示农村劳动力的规模，L_1 表示农村劳动力中从事第一产业的规模。

$$C = \frac{L_r - L_1}{L_r} \tag{5-3}$$

"产业的比较劳动生产率"是指某产业的增加值份额与该产业从业人员份额的比值，即该产业 1% 的劳动力所生产的产值占总产值的比例，可视为劳动力配置的效率。该比值表示结构中各产业的比较劳动生产率。具体公式如式（5-4），P_i 表示 i 产业的比较劳动生产率，I_i 表示 i 产业生产总值的增加值，I 表示所有产业生产总值的增加值，L_i 表示 i 产业的从业人员数量，L 表示从业人员总人数。

$$P_i = \frac{I_i/I}{L_i/L} \tag{5-4}$$

构建衡量三次产业比较生产率差距的熵标准——"泰尔指数"。1967 年，泰尔（Theil）运用信息理论提出一个可以按照加法分解的不平等系数，该系数可以满足达尔顿—庇古（Dalton-Pigou）转移支付准则以及人口和收入均质性等所有条件（Shorrocks，1987）。该指数具有把整体差异划分成组内与组间差异的特性，被广泛用于区域整体差异以及区域内部差异的研究。本书运用该理论构建"泰尔指数"衡量三次产业结构的内部差距，计算公式如式（5-5）所示，变量表达的含义和式（5-4）中的一致。该指标数值越大，说明三次产业之间的差距越大，反之就越小。

$$T = \sum_{i=1}^{3} \left(\frac{I_i}{I} \ln \left(\frac{I_i/I}{L_i/L} \right) \right) \tag{5-5}$$

（二）计量模型

影响农村劳动力转移的因素较多，主要有三次产业生产率差异、城镇化水平、城乡收入差距、人口规模和土地面积等。为了检验产业生产效率、收入差距、城镇化水平和人地关系与农村劳动力转移程度之间的相关性，将农村劳动力转移率的决定方程设定为：

$$Trans_{it}=\alpha+\beta_1\cdot theil_{it}+\beta_2\cdot d\_ur_{it}+\beta_3\cdot p\_ur_{it}+\beta_4\cdot areap_{it}+\beta_5 X_{it}+\mu_i+\lambda_t+\varepsilon_{it} \qquad (5\text{-}6)$$

其中 $Trans_{it}$ 表示 i 省（市）第 t 年农村劳动力人口转移率，$theil_{it}$ 表示 i 省（市）第 t 年三次产业生产率差距的泰尔指数，d_ur_{it} 表示 i 省（市）第 t 年城乡收入差距，p_ur_{it} 表示 i 省（市）第 t 年城镇化水平，$areap_{it}$ 表示 i 省（市）第 t 年的劳动力人均耕种面积，X_{it} 表示 i 省（市）第 t 年的其他影响农村劳动力转移的控制变量，比如人口、耕种面积、GDP、GDP 增速、农业基础条件、农业生产力水平等因素。

三、主要变量介绍及数据来源说明

（一）被解释变量

农村劳动力转移程度：农村劳动力转移率，如前文式（5-4）所示。

（二）解释变量

三次产业生产率泰尔指数：衡量区域三次产业劳动生产率差距的指标，如前文式（5-5）所示。

城乡收入差距：用城镇居民人均可支配收入与农村人均可支配收入（或纯收入）的比值来表示城乡收入差距，即 d_ur=inc_u/inc_r。考虑到区域间差异较大，用两者之差无法真实地反映出城乡收入差距的变化趋势，而选用比值作为城乡收入差距变量，能够较好地刻画不同区域相对差距的程度。

城镇化水平：用城镇常住人口与乡村常住人口的比值来刻画城镇化水平，即 p_ur=pop_u/(pop_u+pop_r)。城镇化水平反映了社会人口中长期居住在城镇的比例，一般而言，城镇化水平越高，说明全社会劳动者从事第二产业和第三产业就业的比例也越高，社会工业化程度越高，该变量大小能够反映社会结构和城镇发展水平。

劳均播种面积：选用耕地面积与劳动力规模之比值表示。一般来讲，人口越多的区域，挤出效应越明显；耕地面积越大的区域，吸引力越大，农村劳动力转移的程度就越低。那么，耕地面积大，人口也多的区域，此时相反方向的两个因素交互影响就存在不确定性。

（三）控制变量

控制变量主要选用地区生产总值、GDP 增速、农业机械总动能、农村用电量、农业化肥用量。一般来讲，经济发展水平较高的区域，具有较强的吸引力，反之亦然。GDP 增速越快，区域可持续发展的动能越强劲，生产要素配置效率越高。农业机械总动能、农村用电量和农业化肥施用量反映了农业现代化的基础和水平。

（四）数据来源

本文所用基础数据主要来自各省 1978—2016 年统计年鉴，不足的部分数据由统计公报补充，变量取值通过公式运算获得（表 5-9）。

<table>
<tr><td colspan="7" align="center">主要数据变量统计特征　　　　　　　　　　表 5-9</td></tr>
<tr><th>变量</th><th>变量名称及含义</th><th>样本数</th><th>均值</th><th>标准差</th><th>最小值</th><th>最大值</th></tr>
<tr><td>trans_r</td><td>农村劳动力转移程度</td><td>928</td><td>0.279</td><td>0.208</td><td>−0.329</td><td>0.898</td></tr>
<tr><td>theil</td><td>三次产业比较劳动生产率差距指数</td><td>928</td><td>0.255</td><td>0.159</td><td>0.012</td><td>0.878</td></tr>
<tr><td>p_ur</td><td>城镇化率</td><td>928</td><td>0.408</td><td>0.176</td><td>0.102</td><td>0.901</td></tr>
<tr><td>d_ur</td><td>城乡收入差距</td><td>928</td><td>2.663</td><td>0.698</td><td>1.171</td><td>5.625</td></tr>
<tr><td>area_land</td><td>农作物播种面积（万 hm^2）</td><td>928</td><td>558</td><td>693</td><td>15</td><td>8951</td></tr>
<tr><td>employ_r</td><td>农村就业人口（万人）</td><td>928</td><td>1412</td><td>1100</td><td>88</td><td>4915</td></tr>
<tr><td>areap</td><td>农村劳均耕种面积（hm^2/人）</td><td>928</td><td>0.553</td><td>0.547</td><td>0.031</td><td>3.287</td></tr>
<tr><td>areapp</td><td>农村人均耕种面积（hm^2/人）</td><td>928</td><td>0.298</td><td>0.294</td><td>0.051</td><td>1.958</td></tr>
<tr><td>GDP</td><td>地区生产总值（亿元）</td><td>928</td><td>7006.1</td><td>11337.2</td><td>16.9</td><td>80666.7</td></tr>
<tr><td>GDP_r</td><td>地区生产总值增速</td><td>928</td><td>0.159</td><td>0.079</td><td>−0.2</td><td>0.5</td></tr>
<tr><td>power_f</td><td>农机总动能（万千瓦时）</td><td>928</td><td>1904</td><td>2271</td><td>33</td><td>13353</td></tr>
<tr><td>ele_r</td><td>农村用电量（亿千瓦时）</td><td>928</td><td>123</td><td>245</td><td>0</td><td>1869</td></tr>
<tr><td>chemicf</td><td>农业化肥用量（万吨）</td><td>928</td><td>155</td><td>143</td><td>0</td><td>716</td></tr>
</table>

四、实证结果及启示

为了准确分析主要解释变量对农村劳动力转移程度的影响，通过建立回归方程进行估计，经豪斯曼检验，选用固定效应模型（表 5-10）。从回归结果看，模型 1～模型9都通过了显著性检验，主要解释变量如三次产业结构指数、城镇化率、城乡收入差异、人口规模和耕种面积等，是乡村劳动力转移的主要因素。

（一）三次产业的生产率差距，为农村劳动力转移提供了动力

中国是传统农业大国，且人口规模庞大，生产效率一直相对低下，有限的耕地承载着众多的劳动者。改革开放后，土地制度的转变和生产力水平的提高导致农村出现大量剩余劳动力，如何转移就业成为当务之急。国内市场凭借优质、丰富的劳动力资源，面向国外招商引资，在经济特区建房办厂，创造了新的就业岗位，成功将剩余劳动力引向第二、三产业就业，实现了城镇经济的繁荣和农村经济的增长。随着大量劳动力流入第二、三产业，国内发展失衡的三次产业从业结构得到调整和改善，同时也解决了剩余劳动力就业问题。这符合刘易斯的二元经济理论框架，但开放市场下，资本寻租和劳动力供给创造性地破坏固有平衡，发挥劳动力比较优势，推动经济持续向好发展，更切合社会治理与经济发展的历史实际。值得注意的是劳动力在"学中干""干中学"的过程中变被动为主动的转移，其动力是农村生产效率与城镇务工收益之间的差距。

实证结果显示，农村劳动力转移程度与三次产业劳动生产率差距之间存在负相关关系，且在1%水平上显著。这说明三次产业比较劳动生产率之间的差距越小，农村劳动力转移程度就越高；反之亦然。在逐步控制住城镇化发展水平、城乡差距和人地关系等主要变量的情况下，系数波动很小。这反映出三次产业生产率差距与农村劳动力转移程度之间存在紧密的相关性。可能的解释是政府采取对外开放政策，重点发展第二、三产业，对外吸引投资，创造就业机会，对内吸纳大量农村剩余劳动力，化解社会矛盾。农村劳动力转移规模从1993年的1亿上升到1996年的1.4亿，尽管国企改革、下岗工人再就业和1998年亚洲金融危机对产业发展和劳动力转移产生了影响，短期出现了较为明显的波动，但从长期来看，三次产业结构的调整优化以及农村劳动力转移处于发展阶段，不断深化、融合。在2015年，农村劳动力转移规模达到了1.5亿的峰值，占比超过了农村劳动力总规模的40%，三次产业劳动生产率差距指数下降到0.119（改革开放时为0.398）。

不可否认的是，劳动生产率的差距将直接反映在城乡收入差距上，此差距在劳动力主动转移的过程中发挥着"推拉"之力。回归方程1~方程7的结果显示：城乡收入差距的系数为正，显著。此统计表明，城乡收入差距越大，农村劳动力转移

程度越高。反之，城乡收入差距越小，农村劳动力转移程度越低。但当我们引入城乡收入差距的二次项后，发现回归系数显著为负，结合一次项系数显著为正，可以得出两者之间存在非线性关系的结果，并非单调的关系。经测算估计出当城乡收入差距为 4.09 时，农村劳动力转移程度将达到理论上的最大值。在城乡收入差距的均值为 2.67，且各省域都在不断缩小的情况下，农村劳动力转移程度也会越来越低。在逐步加入 GDP、农业生产水平、农业现代化水平等其他控制变量后，城乡收入差距的回归系数依然稳定。由此可见，城乡收入差距在推动农村劳动力从第一产业向第二、三产业转移的同时，也具有反向的拉力，发挥着平衡劳动力在城乡之间有效配置的作用。随着农村劳动力转移程度的加深，农村家庭通过亦工亦农的分工，获得较高收益，进而促进城乡收入差距逐渐缩小，这与预期吻合。现实生活中，日益增长的务工工资与缓慢增长的务农收益形成鲜明对比，并在城乡两个空间对劳动力分别产生了推拉之力，最终形成农村劳动力在第一、二、三产业从业的分工格局，其目标是实现家庭收益的最大化。农村劳动力在城乡之间、部门之间追求收益最大化的理性选择，客观上倒逼第一、二、三产业生产要素重新配置和工农生产大分工，这与我国产业结构调整优化方向不谋而合 [1]。在城镇化、工业化发展的背景下，农村劳动力的转移促进了生产力水平的不断提高和生产关系的快速转变，农村与城镇逐步走向融合。

（二）城镇化快速发展，为农村劳动力转移提供了条件

根据现有衡量城镇化水平的统计指标，很容易陷入城镇化就是农村居民转化成城镇居民的过程的片面结论，但实质上这只是表象，更为重要的是人类活动的根本性改变，比如从业结构、出行方式、社会服务等，反映了当前生产力发展水平、科技进步程度和产业结构特征。较高的城镇化水平，意味着工业化程度较高，社会服务等第三产业也相对比较发达，产业结构比较合理，但并非越高越好。

基于经验回归结果，发现城镇化水平这一变量与劳动力转移程度呈正相关关系，在 1% 置信区间显著，回归系数为正。统计说明，城镇化水平越高，农村劳动力转移到非农产业就业的程度也越高。当进一步引入城镇化水平这一变量的二次项时，发现回归系数显著为负，与一次项的系数相反。这意味着农村劳动力转移程度与城镇化水

---

[1] 《关于推进农村一二三产业融合发展的指导意见》和《关于支持返乡下乡人员创业创新促进农村一二三产业融合发展的意见》等文件已经从战略层面引导走向一、二、三产业融合发展。

平之间的关系并非线性关系，而是复杂的非线性关系。根据经验回归法估计，当城镇化水平达到 0.89 时，农村劳动力转移程度在理论上达到最高值，而后将进入逆城镇化阶段。

在逐步控制了人口规模、农村耕种面积、GDP、农机总动能和化肥施用量等其他变量后，回归系数依然显著。合理的解释是改革开放以来，国家推行工业化、城镇化建设政策，通过发展第二、三产业吸纳乡村剩余劳动力转移，促进产业结构调整。通常情况下，对于发展中国家，较高的城镇化发展水平，意味着城镇部门具有更多的就业岗位和更好的发展机会，对农村劳动力的吸引力也更强。乡村劳动力转移到城镇获得务工机会，赚取工资收入以弥补农业生产之不足，达到了优化农村家庭经济收入结构，提高经济收入的效果。城镇化战略一方面吸纳了农村剩余劳动力，发挥了劳动力数量优势；另一方面也发挥了人口在城镇聚集产生的累积效应，推动城镇第二、三产业快速发展。在市场经济体制下，农村农民在务农务工选择上遵循经济理性——利益最大化，通过参与城乡、家庭劳动分工，提高家庭经济收入，并实现了农村家庭从单一的农业经营收入向农业经营、务工收益和外出打工等多种收入方式相结合的转变。改革开放以来，废除户籍制度，解除隔离人口的藩篱和充分发挥市场机制以提高资源配置效率的政策导向，为农村劳动力在城乡之间、部门之间自由流动和转移提供了基础和保障。

（三）人与地的关系转变，释放了农村劳动力转移的活力

一般而言，人口规模越大的农村，在有限耕地的约束下，劳动力挤出效应越明显，即人口规模越大的区域，劳动力转移程度越高。对于耕种面积较大的农村，需要较多的劳动力务农经营，可能会存在农村劳动力转移程度较低的情况。综合考虑人口规模和耕种面积对农村劳动力转移程度的影响，选用劳均耕种面积作为解释变量。回归结果显示：劳均耕种面积的回归系数为负，且在 1% 水平上显著。这说明劳均耕种面积越大，农村劳动力转移程度越低，反之亦然。但是，当引入劳均耕种面积的二次项时，回归系数显著为正。结合变量的一次项回归系数为负，说明农村劳动力转移程度与农村劳均耕种面积之间并非是单调的线性关系，而是开口向上的非线性关系。理论上，当农村劳均耕种面积为 2.19 公顷时，农村劳动力转移程度将达到最小值。在劳均耕种面积小于 2.19 公顷时，农村劳动力转移程度会随之下降；但当劳均耕种面积大于 2.19 公顷时，农村劳动力转移程度会随之增加。这间接解释了为什么在引入变量耕

种面积之后，回归结果会出现显著为正的情况。

为了进一步检验耕种面积与人口规模、城镇化水平、城乡收入差距之间如何交互作用于农村劳动力转移程度，逐步增加变量的交叉项。结果显示：①当引入人口规模与耕种面积的交叉项时，统计结果显著为负（方程5）。这表明在其他因素不变的情况下，对于人口规模相对较大的区域，耕种面积越大，转移程度越低。②当引入耕种面积与城镇化水平的交叉项时，回归结果显著为负（方程6）。这意味着对于城镇化水平越高的区域而言，耕种面积越大，农村劳动力转移程度越低。③当引入耕种面积与城乡收入差距的交叉项时，回归系数显著为负（方程7）。④当引入人口规模与城乡收入差距的交叉项时，回归结果不显著。由此可见，耕地面积较大的区域对劳动力转移具有抑制作用和效果，表现出强劲的拉力。

由于生产力水平不断提高和科学技术快速前进，农村劳动力逐渐从耕种等农业事务中解放出来，政府投资加快交通基础设施建设也为劳动力跨区域流动与配置创造了条件，特别是随着城镇化、工业化发展而产生的大量就业机会，使得农村劳动力可以外出获得务工收益，从而弱化了农村家庭对自有土地的依赖。在市场经济条件下比较务工、务农收益，一些农村家庭为追求效益最大化，举家弃农从工，留村劳动力在获得赠予耕地的情况下，也能提高收益，进而形成了农村劳动力在工农产业中的分工格局。值得注意的是，虽然统计显示农村劳动力转移程度与农村劳动力规模之间存在线性关系，但农村劳动力转移规模与农村劳动力规模之间并不是单调的线性关系，而是非线性关系。据此得出可能的判断：农村劳动力转移规模曲线在时间轴上不是沿着一个方向单调运动，而是会出现拐点，随后上下波动或反转。可能的解释是：在农村，由于农业生产效率的提高，出现了大量剩余劳动力；在城镇，第二、三产业的快速发展，需要大量的劳动力，市场供需关系决定着农村劳动力是否由农村向城镇转移并充分就业。然而，随着城镇化、工业化进程的不断深化，农村劳动力转移群体中的一部分转化为市民，再加上计划生育人口政策在一定时间点上发挥作用，农村劳动力规模增长乏力，继而步入负增长的下降通道。在经济周期和外部环境的压力下，城镇部门会主动调整就业岗位供给应对潜在危机，这时会导致工人失业，并影响农村劳动力的转移规模。比如1995—2002年间，全国各地政府强制推行经济体制改革，对出现亏损的国有中小型企业、集体所有制企业实行"破产""解体"，没有亏损的企业实行"转制"，全国各地出现了成千上万的下岗职工需要再就业。1996年之后，农村劳动力转移规模就受到影响，出现了反转的情况（可参考如图5-1描绘的人口曲线）。

（四）农业向现代化转型，助推了农村劳动力深层次转移

为了充分解释农村劳动力转移的机制、机理，弥补城镇化率、城乡收入差距、人口规模、耕种面积和人地关系等变量参数的估计不足，逐渐引入了其他控制变量。在第8个方程中增加控制变量——地区生产总值和GDP增长率，回归系数都不显著。在第9个方程中增加控制变量——农业农机总动能，回归系数为0.048，在10%水平上显著；增加控制变量——农村用电量，回归系数为 −0.147，不显著；增加控制变量——化肥施用量，回归系数为0.070，不显著。回归结果显示：农村劳动力转移程度与地区生产总值、GDP增长率、农村用电量和化肥施用量之间没有显著的相关性。但是与农业机械总动能之间却存在较为显著的正相关关系（表5-10）。

回归结果表明：农业机械总动能消耗越大，农村劳动力转移程度越高；化肥施用量越大，农村劳动力转移程度越高，反之亦然。在农村劳动力比较充足的时期，农业生产经营基本上依靠传统的手工等劳动力完成，不需要农业机械参与生产劳动，也有充足的劳动力施用有机肥。但城镇化和工业化改变了从业结构，大量农村劳动力转移到城镇务工，农村劳动力变得短缺。此时，农业机械和化肥大量用于农业生产经营，主要是为了替代农村劳动力，保证农村农业生产经营。然而，农机和化肥等农业现代化技术在农业生产经营过程中的大量运用，显著地提高了农业劳动生产率，以至于在农业现代化水平较高的区域，农村劳动力可以选择不转移，就能获得较好效益。由此表明，那些农业现代化水平较高的区域，对农村劳动力具有较强的吸引力，能留得住农村劳动力从事农村农业生产经营相关的产业。此分析能够解释农业现代化水平越高，农村劳动力转移程度越低的回归结果。对于年龄较大、有子女需要抚养或老人需要照顾，文化水平较低，且没有专业技能的农村劳动力，加大农村农业生产经营现代化改造，将是增加农村家庭经济收入并走上城乡共同富裕的有效途径。

变量	(1) 劳动力转移程度（trans_r）	(2) 劳动力转移程度（trans_r）	(3) 劳动力转移程度（trans_r）	(4) 劳动力转移程度（trans_r）	(5) 劳动力转移程度（trans_r）	(6) 劳动力转移程度（trans_r）	(7) 劳动力转移程度（trans_r）	(8) 劳动力转移程度（trans_r）	(9) 劳动力转移程度（trans_r）
theil	−0.234***	−0.222***	−0.216***	−0.189***	−0.208***	−0.204***	−0.183***	−0.190***	−0.193***
	(0.033)	(0.030)	(0.037)	(0.037)	(0.037)	(0.037)	(0.037)	(0.037)	(0.037)
p_ur	0.385***	0.623***	0.595***	0.413***	0.413***	0.544***	0.413***	0.397***	0.393***
	(0.024)	(0.061)	(0.046)	(0.026)	(0.026)	(0.043)	(0.026)	(0.030)	(0.030)
p_ur2		−0.347***							
		(0.0719)							
d_ur	0.057***	0.180***	0.061***	0.073***	0.066***	0.064***	0.085***	0.068***	0.067***
	(0.006)	(0.022)	(0.007)	(0.009)	(0.007)	(0.007)	(0.010)	(0.007)	(0.007)
d_ur2		−0.022***							
		(0.003)							
popz	0.412***	0.295***	0.839***	0.567***	0.671***	0.514***	0.516***	0.444***	0.472***
	(0.054)	(0.050)	(0.095)	(0.100)	(0.082)	(0.060)	(0.061)	(0.070)	(0.071)
area_landz	4.194***	4.376***	3.115***	3.106***	4.464***	4.766***	4.309***	3.032***	2.639***
	(0.302)	(0.280)	(0.319)	(0.323)	(0.518)	(0.541)	(0.590)	(0.326)	(0.401)
areap	−0.268***	−0.765***							
	(0.019)	(0.048)							
areap2		0.175***							
		(0.015)							
c.popz#c.p_ur			−0.450***						
			(0.094)						
c.popz#c.d_ur				−0.025					
				(0.023)					
c.popz#c.area_landz					−2.848***				
					(0.845)				
c.area_landz#c.p_ur						−2.568***			
						(0.671)			
c.area_landz#c.d_ur							−0.471**		
							(0.192)		
gdpz								0.003	
								(0.004)	
gdpr								−0.031	
								(0.030)	
power_fz								0.048*	
								(0.027)	

变量	(1) 劳动力转移程度（trans_r）	(2) 劳动力转移程度（trans_r）	(3) 劳动力转移程度（trans_r）	(4) 劳动力转移程度（trans_r）	(5) 劳动力转移程度（trans_r）	(6) 劳动力转移程度（trans_r）	(7) 劳动力转移程度（trans_r）	(8) 劳动力转移程度（trans_r）	(9) 劳动力转移程度（trans_r）
ele_rz									−0.147
									(0.185)
chemicfz									0.070
									(0.404)
Constant	−0.202***	−0.188***	−0.489***	−0.389***	−0.425***	−0.454***	−0.428***	−0.341***	−0.337***
	(0.025)	(0.043)	(0.036)	(0.034)	(0.030)	(0.034)	(0.036)	(0.031)	(0.031)
Observations	928	928	928	928	928	928	928	928	928
R-squared	0.680	0.740	0.618	0.609	0.613	0.615	0.611	0.609	0.610
Number of pro_1	29	29	29	29	29	29	29	29	29

注：括号内为标准误差，*** 表示 $p<0.01$，** 表示 $p<0.05$，* 表示 $p<0.1$

农村劳动力转移的直接动力是对利益的权衡取舍，无论是三次产业就业结构调整与优化、城镇化水平提高还是城乡差距缩小以及人地关系转变和农业经营业态的选择等，都没有超出经济学的基本范畴。市场机制对生产要素配置效率发挥了作用，在外来资本寻租与内部剩余劳动力供给之间实现了利益最大化。政府治理模式激发了生产力水平的不断提高，通过不断调整结构顺应社会经济不断向好发展，由于各区域资源环境和自然禀赋等条件不一，发展与转变速度也各异。

第四节 小结

中国农村再造的道路选择可能受多方因素的影响。针对不同区域、不同大小、不同自然禀赋的乡村，应有区别化的再造之路。中国人口众多，且分布极不均衡，东、中、西部区域之间存在较大差异，沿海与内陆地区的自然禀赋也不尽相同，结合数据的可得性，从宏观（省市区）、中观（乡镇）和微观（自然村或组）三个层面进行了理论分析与探讨，结果可归纳为以下几点：一是人口规模和土地面积影响着农村经济收入，且农村经济收入结构已由传统的农业收入为主，逐渐转变为以非农收入为主。二是乡村发展的农业或非农路径选择，除了劳动收益的影响外，与劳动力性别、文化程度、人地关系、自然地理和资源禀赋密切相关，且禀赋为主要决定因素。三是农村经济发展的道路选择是亦工亦农，工农结合，相互促进。四是第一、二、三产业差距越小，农村劳动力流向非农的占比越大。五是城镇化发展为农村劳动力转移提供了可能，人地关系的变化为农村实现规模经营奠定了基础。六是农业现代化是未来乡村再造的重要支撑，农业现代化受到广泛关注，深化了农村劳动力人口的加速流动。

实证农村再造的道路选择，可归结为从两方面寻得乡村再造之道：第一是挖掘内生动力，形成内源式增长动力，比如充分发挥乡村人口和土地面积的规模优势，自然地理和资源环境的禀赋优势，重在"顺势而为"。第二是培育外在驱动力，注入活力，拉动乡村经济发展，比如城镇化、工业化、信息化、现代化建设，达到以工代农、以城带乡的政策扶持效果。

第六章

乡村再造的

新战略

构架

中国是农业大国、人口大国，农业、农村、农民问题是关系国计民生的根本性问题。农业肩负着保障粮食安全、保护生态环境、保证数亿农民就业与增收的根本使命；同时，也是支撑城乡统筹发展的基础和条件。城乡犹如车之两轮、鸟之双翼，缺一不可，否则机体就会失去平衡。农业、农村、农民的"三农"建设与发展，在工业化、城镇化进程和市场化竞争中往往面临更多挑战。要实现"中国要强，农业必须强；中国要富，农民必须富；中国要美，农村必须美"的城乡均衡发展，需要不断总结和理清农村农业经营业态、农村发展模式以及农民增收的有效途径，方能持续推运乡村健康发展。

第一节 创新农业经营业态，发展农村经济

创新是驱动发展的动力源泉。奥地利学者熊彼特在 1912 年出版的《经济发展理论》中首次提出了创新理论，认为所谓"创新"就是"建立一种新的生产函数"，把一种从来没有过的生产要素和生产条件的"新组合"引入生产系统。这种新组合包括：引入新产品；引用新技术，即生产方法；开辟新市场；控制原材料的新供应来源；实现企业的新组织[①]。美国著名管理学家德鲁克于 20 世纪 50 年代将创新概念引入管理领域，进一步发展了创新理论。

一、坚持家庭联产承包，创新合作形式

家庭联产承包是改革开放以来我国土地改革的制度创新，实现了"耕者有其田"的农民梦，这项制度符合中国国情，并确保了社会稳定、和谐与生活脱贫，使人民逐步走向富强。坚持稳定的土地制度并长久不变，亦即维护了乡村社会稳定的根基。在根基牢固的基础上，鼓励农村集体或个体根据资源禀赋等人地关系，因地制宜，适度推动土地流转，尝试规模经营，集约节约，提高劳动生产效率，达到增收的效果。

---

① 约瑟夫·熊彼特，经济发展理论 [M]. 北京：商务印书馆，1990.

（一）农民拥有承包土地使用权和经营权，稳定其最低生活保障

土地是农民生活的唯一资本。在未来很长的一段时间里，中国都会拥有较大规模的农民。改革开放至今 40 年后，中国农民人口规模依然庞大，约 5.5 亿。2019 年，有农民工 2.9 亿，即使农民工全部市民化，依然有超过 2 亿的农民。而美国人口规模为 3 亿，农民只有 270 多万。稳定的土地政策亦即稳定了中国。

（二）集约节约使用土地

随着城镇化和工业化的快速推进，农村剩余劳动力大量转移，以至于出现农村家庭无劳动力耕种的现象，这为土地调整、集中、流转奠定了基础，并为土地节约、集约的小规模生产创造了条件，提高了劳动生产效率。耕地面积是影响农村家庭收入的主要因素之一。农村劳动力逐渐减少和农村劳动力大量外出的双重作用，为耕地集中连片，提高农业劳动生产率和农业经营创造了条件，应顺势而为。

（三）农民自由流动

农村劳动力在城乡区域之间、工农部门之间的自由配置，带来了生产效率的提高，极大地调动了农村劳动力的生产积极性，进而形成符合城乡融合发展的劳动分工格局。农业现代化是吸引和留住农民务农的有效途径，也是城乡协同发展的重要一环。农民劳动分工，在承包制度下，进可攻退可守。

微观个体的农民在经济理性下，通过比较选择收入最大化，在宏观上表现为市场化的劳动力重新配置，最优配置产生最大效率，进而推动国民经济的稳定与可持续增长。

（四）多种经营主体结合，推动农业生产

小农生产以自给自足为主，家庭农场、合作社、龙头企业等以规模生产为主，两者互为补充，确保农村农业生产。在尊重农民意愿的前提下，合理开展土地流转集中，多种经营主体的涌现，是我国社会经济发展到一定水平之后出现的产物，符合我国农村农业发展实情。

二、因地制宜，发展特色产业，发挥比较优势

根据自然禀赋，利用科学方法，挖掘和培育具有比较优势的特色农业，实现农业的提质增效与结构的优化，不断培育特色农业。

（一）特色农业种植

根据科学研究和实验，培育出高品质的特色农产品。不同区域因自然、地理等条件不同，各具禀赋优势，在传统农业种植的基础上，挖掘具有潜力的特色农业种植，不断提高农村农业市场竞争力，确保农民增产增收。

（二）特色经济作物

引进良种，进行科学种养，做大做强特色经济作物。在适合种养地区规模化种植，比如在我国南部可以选种蔬菜，在西南偏远地区可以种植水果、花卉等，以实现农民增收致富，同时也可优化偏远贫困地区传统的农业经营结构。

（三）特色产业

特色产业是乡村振兴发展的核心和关键，既可以围绕第一产业发展加工、运输、仓储等，以拉长产业链、服务链、价值链，也可以因地制宜发展第二、三产业，开展就地加工和精细加工，不断提高产业产值。同时，有条件的区域，可通过挖掘传统资源，打造文旅和服务产业，拉动乡村经济建设的可持续发展。

三、科技兴农，推进农业现代化种植

科技是第一生产力，农村农业发展必须依靠科技，提升农业生产的产量和质量，满足人民日益增长的物质需求。通过构架现代化的产业体系、生产体系、经营体系，建立一系列的配套措施，降低农业经营风险。加大基础设施建设与投入，既要保证传统农业的有效经营，也要为农业现代化，特别是标准化农田改造，为顺应农村劳动力大规模转移带来的农业规模化种植，创造坚实的条件。

第二节 构建乡村自力更生与城市带动的一体化发展模式

城乡是不可分割的整体，城市的发展需要农村供给原材料以给养生活和生产，农村需要城市提供便利的工业用品，满足不断增长的生活需求，如鸟之双翼，车之两轮，不可分割。论及乡村再造发展模式，需要放置于城市和工业发展的大背景下展开构架。

一、调整内部结构，培育乡村发展内生动力

（一）以土地经营为载体，家庭承包与多种经营联动协同发展

土地是农村发展的重要资源，如何开发和利用土地决定着农村经济和社会的可持续发展。传统的家庭联产承包制是改革开放以来的制度创新，解决了八亿农民的温饱问题。随着城镇化和工业化战略的实施，农村人口快速向城镇转移，农村人口随之减少。原有承包方式需要通过土地流转来实现土地的集约节约，提高土地利用率。村集体可以通过土地流转租借的方式推动农业规模化经营，合作社、家庭农场以及农业龙头企业可以获得规模经营收益和国家农业补贴。

无地农民可以外出务工，也可以就地给经营大户务工，还可以获得土地租金，旱涝保收，使农村农民经济稳步增收。

（二）特色产业带动，一、二、三产业联动发展

乡村聚落繁衍生息，培育了灿烂的传统，这为乡村文旅发展创造了基础和条件。因地制宜，开展文化旅游产业开发，带动当地经济和社会发展，是一条好路子。文旅可以吸引外来资本投资当地经济建设，旅客出游可以拉动当地消费，带动当地一、二、三产业联动发展，刺激农村经济增长和农民增收致富。

充分培育特色种养产业和自然资源加工产业，通过产—销—运体系构建创造就业岗位，拉动一、二、三产业协同发展，推动乡村经济全面发展。

（三）适度集中居住，节约集约土地

空心化治理的有效途径是合理规划，顺应农民对美好生活的向往，采用适度

集中居住的方式，提高土地集约节约利用效率。适度集中居住既有利于农业生产，也有利于文化交流，还便于乡村安全与法制建设，确保农村居民的人身和财产安全。

（四）开展农民职业技能培训

在全国普及九年义务教育的基础上，大力开展农业种养技术培训，不断提高农村劳动力人力资本，推动农村农业经济可持续增长。

二、协调各类资源，加大乡村扶持力度

（一）建立政府帮扶贫困区域乡村建设机制

改革开放以来，国家在扶贫农村工作上取得了五个阶段的成效，即：1978 年的体制改革，1986 年的扶贫开发，1994 年的扶贫攻坚，2001 年的建设小康社会，2010 年的全面建成小康社会。这是国家层面的战略规划，从扶贫大开发转向精准扶贫，最终目标是脱贫摘帽，消灭贫困，迈向全面小康社会。在城镇化背景下，区域发展不平衡、不充分的矛盾，需要各级政府联动施策，由内到外形成动力机制，从根本上阻断贫困代际，实现"两个大局"的第二步。

（二）建立城市反哺乡村，工业反哺农业机制

由于自然和地理的历史原因以及资源配置的偏向，生产要素在城市集聚产生增长效应，导致了城市的快速发展和乡村的缓慢前行，以至于城乡区域发展不协调。在中华人民共和国成立初期，国家为了完成工业发展的原始积累，提取农业剩余产品；改革开放后，国家调配资金扶贫开发，帮助贫困区域发展经济。一前一后的两种战略格局，其目标是统一的：实现中华民族伟大复兴，国强民富。

由此，应充分发挥先发城市或区域的资源和人才优势，弥补贫困乡村因资源匮乏、人才缺失、资本不足、生态脆弱、交通基础设施落后等造成的发展不足，建立城市与乡村、工业与农村、发达地域与落后地区三位一体的一对一帮扶机制，实现资源共享、互补联动机制，从资本、人才上给予支持和帮扶，破解乡村发展的困局，建立长期有效的联动机制。

第三节 发挥禀赋优势，缩小区域差异，推动公共服务均等化

构建乡村再造的道路选择，受自然资源禀赋的约束，不同类型的乡村应选择不同的发展模式，遵循发挥比较优势的原则。乡村再造应在充分挖掘自身自然禀赋优势的基础上，因地制宜，循序渐进，持续发展，推动公共服务均等化，缩小区域差异，实现人口在城乡之间的合理配置。

一、因地制宜，不断优化农业结构

按照区域分工，因地制宜，做好传统粮食种植，积极发展果林、畜牧业和水产等产业，不断调整优化农业经营结构。由于粮食作物的种植效益低于经济作物，农民的种植意愿偏向经济作物，但是经济作物与粮食作物相比，需要更多的劳动力，因此，在耕地面积较大的区域，可以实现粮食作物和经济作物的配合，而在耕地面积较小的乡村，可以适当加大经济作物的开发，以保持农民收入水平的稳步增长。

二、工农分工，一、二、三产业联动发展

乡村发展应遵循以第一产业为主的原则，这是乡村的功能决定的。由于三产之间存在比较劳动生产率差异，在经济理性下，非农选择成为农村提高经济收入的主要措施。乡村再造应根据自然禀赋，就地开展农副产品粗加工和精细加工、自然资源类产品粗加工和精细加工，减少中间环节，节约成本，拉长第一产业的产业链、供应链、服务链和价值链，实现乡村农民充分转移就业，务工与务农相结合，既可以达到农村经济收入的最大化，同时也能留住乡村发展的主体。

更为重要的是，推动乡村三次产业的发展可以缩小城乡收入差距，并吸引农村劳动力农民工回流，进而推动乡村的持续稳定发展与繁荣。

三、公共服务均等化，留得住人

乡村是与城市相对应的功能体，由于城市发展较快，而乡村发展较慢，造成了城乡发展失衡和区域发展的不平衡。乡村再造应加强基础设施建设，逐步实现出行交通方便、生活服务方便，特别应加强乡村居民医疗保障制度建设、养老服务体系建设，贯彻义务教育，实现病有所医、老有所养、小有所教的美丽乡村格局。

第四节　坚持以人为本，顺势而为

无论是城镇建设，还是乡村发展，其主要目标都是走高质量发展道路，更好地服务人类生产、生活和生态空间。城镇化快速发展过程中，亿万民众选择离开农村，流入城镇，带来了城镇的拥挤和繁荣；农村因人去而呈现空心化并且逐渐衰落，部分农村甚至无一人居住，濒临消失。这一切，表面上看，是城市化、工业化快速发展，吸纳人口就业的结果；而从经济学理论的逻辑来看，则是农民在比较效益中追求经济富足和美好生活的行为选择。农民在城市工作、居住，抑或在农村务农、生活，乡村建设与发展都应切合人类活动规律，以人为本，顺势而为。某些地区为了响应城镇化，圈地造城，结果城建好了，却无人居住，成了"空城""鬼城"。新农村建设以来，也出现过部分中心村脱离自身实际，规划建设了整齐划一的楼宇，但居住者寥寥无几的情况。人的行为选择有其内在的客观规律，不可盲求。在打造美丽乡村、宜居乡村的过程中，也应以人为本，遵循乡村经济建设与社会发展的客观规律，顺势而为。

参考文献

[1] CAI F, ZHAO W. When demographic dividend disappears: growth sustainability of China//AOKI M,WU J L. The Chinese economy: a new transition. Basingstoke: Palgrave Macmillan, 2012: 75-90.

[2] 郑大华.关于民国乡村建设运动的几个问题 [J]. 史学月刊 ,2006(2):52-59.

[3] 晏阳初.晏阳初全集（第一册）[M]. 长沙：湖南教育出版社，1989.

[4] 鲁振祥.三十年代乡村建设运动的初步考察 [J]. 政治学研究 ,1987(4):37-44.

[5] 梁漱溟.乡村建设理论 [M]. 上海：上海人民出版社，2011.

[6] 薛暮桥，冯和法.《中国农村》论文选 [M]. 北京：人民出版社，1983：23.

[7] 王德文，蔡昉.宏观经济政策调整与农民增收 [J]. 中国农村观察 ,2003(4):2-12, 80.

[8] 贾可卿.梁漱溟乡村建设实践的文化分析 [J]. 北京大学学报 (哲学社会科学版),2003(1):115-120.

[9] 程名望，史清华，徐剑侠.中国农村劳动力转移动因与障碍的一种解释 [J]. 经济研究 ,2006(4):68-78.

[10] 王先明，李伟中.20 世纪 30 年代的县政建设运动与乡村社会变迁——以五个县政建设实验县为基本分析样本 [J]. 史学月刊 ,2003(4):90-98, 104.

[11] 周逸先，宋恩荣.中国乡村建设运动及其历史启示 [J]. 河北师范大学学报 (教育科学版),2006(2):18-23.

[12] 蔡昉.改革时期农业劳动力转移与重新配置 [J]. 中国农村经济 ,2017(10):2-12.

[13] 程连生，冯文勇，蒋立宏.太原盆地东南部农村聚落空心化机理分析 [J]. 地理学报 ,2001(4):437-446.

[14] 刘彦随，刘玉，翟荣新.中国农村空心化的地理学研究与整治实践 [J]. 地理学报 ,2009,64(10):1193-1202.

[15] 周祝平.中国农村人口空心化及其挑战 [J]. 人口研究 ,2008(2):45-52.

[16] 蔡昉，王德文.作为市场化的人口流动——第五次全国人口普查数据分析 [J]. 中国人口科学 ,2003(5):15-23.

[17] 刘祖云，武小龙.农村"空心化"问题研究 : 殊途而同归——基于研究文献的理论考察 [J]. 行政论坛 ,2012,19(4):82-88.

[18] 薛力.城市化背景下的"空心村"现象及其对策探讨——以江苏省为例 [J]. 城市规划 ,2001(6):8-13.

[19] 许恒周，殷红春，石淑芹.代际差异视角下农民工乡城迁移与宅基地退出影响因素分析——基于推拉理论的实证研究 [J]. 中国人口·资源与环境 ,2013,23(8):75-80.

[20] 何芳，周璐.基于推拉模型的村庄空心化形成机理 [J]. 经济论坛 ,2010(8):208-210.

[21] 王国刚，刘彦随，王介勇.中国农村空心化演进机理与调控策略 [J]. 农业现代化研究 ,2015,36(1):34-40.

[22] 郭远智，周扬，刘彦随.中国农村人口外流的时空演化及其驱动机制 [J]. 地理科

学 ,2020,40(1):50–59.

[23] 郑万军 , 王文彬 . 基于人力资本视角的农村人口空心化治理 [J]. 农村经济 ,2015(12):100–104.

[24] 刘建生 , 陈鑫 . 协同治理 : 中国空心村治理的一种理论模型——以江西省安福县广丘村为例 [J]. 中国土地科学 ,2016,30(1):53–60.

[25] 周春霞 . 农村空心化背景下乡村治理的困境与路径选择——以默顿的结构功能论为研究视角 [J]. 南方农村 ,2012,28(3):68–73.

[26] 中国共产党中央委员会 . 1956 到 1967 年全国农业发展纲要（草案）[Z].1956–01–23.

[27] 王景新 . 乡村建设的历史类型、现实模式和未来发展 [J]. 中国农村观察 ,2006(3):46–53+59.

[28] 肖唐镖 . 转型中的乡村建设 : 过程、机制与政策分析 [J]. 中国农村观察 ,2003(6):65–74.

[29] 刘彦随 . 中国新农村建设地理论 [M]. 北京 : 科学出版社 ,2011.

[30] 彭国华 . 技术能力匹配、劳动力流动与中国地区差距 [J]. 经济研究 ,2015,50(1):99–110.

[31] 刘彦随 , 严镤 , 王艳飞 . 新时期中国城乡发展的主要问题与转型对策 [J]. 经济地理 ,2016,36(7):1–8.

[32] 张富刚 , 刘彦随 . 中国区域农村发展动力机制及其发展模式 [J]. 地理学报 ,2008(2):115–122.

[33] 赵庆海 , 费利群 . 国外乡村建设实践对我国的启示 [J]. 城市问题 ,2007(2):51–55.

[34] 蓝海涛 , 黄汉权 . 新农村建设的国际经验与启示 [J]. 中国经贸导刊 ,2006(7):18–20.

[35] 孟广文 ,Hans Gebhardt. 二战以来联邦德国乡村地区的发展与演变 [J]. 地理学报 ,2011,66(12):1644–1656.

[36] 龙花楼 , 胡智超 , 邹健 . 英国乡村发展政策演变及启示 [J]. 地理研究 ,2010,29(8):1369–1378.

[37] 陈昭玖 , 周波 , 唐卫东 , 等 . 韩国新村运动的实践及对我国新农村建设的启示 [J]. 农业经济问题 ,2006(2):72–77.

[38] 秦晓微 , 朱天舒 . 韩国新村运动与我国统筹城乡发展之比较 [J]. 学术交流 ,2012(7):81–84.

[39] 李瑞霞 , 陈烈 , 沈静 . 国外乡村建设的路径分析及启示 [J]. 城市问题 ,2008(5):89–92+95.

[40] 赵国锋 , 张沛 , 田英 . 国外乡村建设经验对西部地区新农村建设模式的启示 [J]. 世界农业 ,2010(7):15–18.

[41] 李培林 . 转型背景下的社会体制变革 [J]. 求是 ,2013(15):45–47.

[42] 范晓非 , 王千 , 高铁梅 . 预期城乡收入差距及其对我国农村劳动力转移的影响 [J]. 数量经济技术经济研究 ,2013,30(7):20–35.

[43] 周黎安 , 陈烨 . 中国农村税费改革的政策效果 : 基于双重差分模型的估计 [J]. 经济研究 ,2005(8):44–53.

[44] 陈锡文 . 重提"新农村建设" [J]. 中国改革 ,2006(2):14–17.

[45] 刘彦随 . 中国东部沿海地区乡村转型发展与新农村建设 [J]. 地理学报 ,2007(6):563–570.

[46] 赵海林 . 统筹城乡发展必须转变城市偏向发展战略 [J]. 中国乡村发现 ,2010(2):24–27.

[47] 刘彦随 , 周扬 , 刘继来 . 中国农村贫困化地域分异特征及其精准扶贫策略 [J]. 中国科学院院

刊 ,2016,31(3):269-278.

[48] 韩俊 . 调查中国农村 [M]. 北京 : 中国发展出版社，2009.

[49] 陈锡文 . 从农村改革四十年看乡村振兴战略的提出 [J]. 行政管理改革 ,2018(4):4-10.

[50] 翁伯琦 . 影响农民增收的主要因素分析与科技兴农对策思考 [J]. 福建论坛 (经济社会
版),2003(2):35-38.

[51] 鞠晴江 , 庞敏 . 基础设施对农村经济发展的作用机制分析 [J]. 经济体制改革 ,2005(4):89-92.

[52] 陈文科 , 林后春 . 农业基础设施与可持续发展 [J]. 中国农村观察 ,2000(1):9-21,80.

[53] 马轶群 , 崔伦刚 . 经济不确定性、收入差距与劳动力转移 [J]. 江苏社会科学 ,2018(6):94-105.

[54] 刘小翠 . 劳动力流动与城乡收入差距的协整分析 [J]. 温州大学学报 (社会科学
版),2007(4):70-74.

[55] 朱云章 . 我国城乡劳动力流动与收入差距的关系检验 [J]. 农业经济 ,2009(1):53-55.

[56] 李晓峰 , 李珊珊 . 中国农业劳动力流动拉力重构及其效果分析 [J]. 经济经纬 ,2019,36(6):47-
54.

[57] 刘彦随 . 中国新时代城乡融合与乡村振兴 [J]. 地理学报 ,2018,73(4):637-650.

[58] 周祝平 . 中国农村人口空心化及其挑战 [J]. 人口研究 ,2008(2):45-52.

[59] 农民工外地人口就业统计口径指在外工作 6 个月以上。

[60] 林孟清 . 推动乡村建设运动 : 治理农村空心化的正确选择 [J]. 中国特色社会主义研
究 ,2010(5):83-87.

[61] 杜鹏 . 聚焦 "386199" 现象关注农村留守家庭 [J]. 人口研究 ,2004(4):25-36.

[62] 魏君英 , 夏旺 . 农村人口老龄化对我国粮食产量变化的影响——基于粮食主产区面板数据
的实证分析 [J]. 农业技术经济 ,2018(12):41-52.

[63] 王善高 , 田旭 . 农村劳动力老龄化对农业生产的影响研究——基于耕地地形的实证分析 [J].
农业技术经济 ,2018(4):15-26.

[64] 王桂新 . 高度重视农村人口过快老龄化问题 [J]. 探索与争鸣 ,2015(12):28-30.

[65] 李实 . 中国农村劳动力流动与收入增长和分配 [J]. 中国社会科学 ,1999(2):16-33.

[66] 杨森平 , 唐芬芬 , 吴栩 . 我国城乡收入差距与城镇化率的倒 U 关系研究 [J]. 管理评
论 ,2015,27(11):3-10.

[67] 陆铭 , 陈钊 . 城市化、城市倾向的经济政策与城乡收入差距 [J]. 经济研究 ,2004(6):50-58.

[68] 曹裕 , 陈晓红 , 马跃如 . 城市化、城乡收入差距与经济增长——基于我国省级面板数据的
实证研究 [J]. 统计研究 ,2010,27(3):29-36.

[69] 贺建风 , 刘建平 . 城市化、对外开放与城乡收入差距——基于 VAR 模型的实证分析 [J]. 技
术经济与管理研究 ,2010(4):16-19.

[70] 李尚蒲 , 罗必良 . 城乡收入差距与城市化战略选择 [J]. 农业经济问题 ,2012,33(8):37-42.

[71] 周云波 . 城市化、城乡差距以及全国居民总体收入差距的变动——收入差距倒 U 形假说的
实证检验 [J]. 经济学 (季刊),2009,8(4):1239-1256.

[72] 约瑟夫·熊彼特 . 经济发展理论 [M]. 北京 : 商务印书馆 ,1990.

[73] LEWIS W A. Economic development with unlimited supplies of labor[J].The Manchester School of Economic and Social Studies, 1954,22(2): 139-191.

[74]TODARO M P. Urban job expansion， induced migration and rising unemployment： a formulation of simplified empirical test for LDCs[J]. Journal of Development Economics,1976（3）.

[75] 李培林. 巨变：村落的终结——都市里的村庄研究 [J]. 中国社会科学 ,2002(1):168-179, 209.

[76] 蔡昉 , 都阳 . 工资增长、工资趋同与刘易斯转折点 [J]. 经济学动态 ,2011(9):9-16.

[77] 石磊 . 寻求 "另类" 发展 的 范式——韩国新村运动与中国乡村建设 [J]. 社会学研究 ,2004(4):39-49.

[78] 陈晓华 , 马远军 , 张小林 , 等 . 城市化进程中乡村建设的国外经验与中国走向 [J]. 经济问题探索 ,2005,12:17-20.

[79] 虞和平 . 民国时期乡村建设运动的农村改造模式 [J]. 近代史研究 ,2006(4):95-110.

[80] 刘重来 . 论卢作孚 "乡村现代化" 建设模式 [J]. 重庆社会科学 ,2004(1):110-115.

图书在版编目（CIP）数据

城镇化背景下乡村再造道路选择 / 关海长著 .—北京：中国建筑工业出版社，2022.8
ISBN 978-7-112-27745-2

Ⅰ.①城… Ⅱ.①关… Ⅲ.①农村－社会主义建设－研究－中国 Ⅳ.① F320.3

中国版本图书馆CIP数据核字（2022）第147257号

责任编辑：李成成
责任校对：张　颖

数字资源阅读方法：

本书提供全书所有图片的彩色版，读者可使用手机 / 平板电脑扫描右侧二维码后免费阅读。

操作说明：扫描授权进入"书刊详情"页面，在"应用资源"下点击任一图号（如图 2-1），进入"课件详情"页面，内有以下图片的图号。点击相应图号后，点击右上角红色"立即阅读"。即可阅读相应图片彩色版。

若有问题，请联系客服电话：4008-188-688。

城镇化背景下乡村再造道路选择

关海长　著

*

中国建筑工业出版社出版、发行（北京海淀三里河路 9 号）
各地新华书店、建筑书店经销
北京海视强森文化传媒有限公司制版
河北鹏润印刷有限公司印刷

*

开本：787 毫米 ×1092 毫米　1/16　印张：10　字数：175 千字
2022 年 8 月第一版　2022 年 8 月第一次印刷
定价：**55.00 元**（赠数字资源）
ISBN 978-7-112-27745-2
（39685）